U0515193

中国消费者有机葡萄酒购买意愿影响因素研究

邹　蓉　著

中国财经出版传媒集团

经济科学出版社
Economic Science Press

图书在版编目（CIP）数据

中国消费者有机葡萄酒购买意愿影响因素研究／邹
蓉著 . -- 北京：经济科学出版社，2022.9
ISBN 978 - 7 - 5218 - 3873 - 2

Ⅰ . ①中… Ⅱ . ①邹… Ⅲ . ①葡萄酒 – 购买行为 – 影
响因素 – 研究 – 中国 Ⅳ . ①F724.782

中国版本图书馆 CIP 数据核字（2022）第 128657 号

责任编辑：白留杰 杨晓莹
责任校对：刘 娅
责任印制：张佳裕

中国消费者有机葡萄酒购买意愿影响因素研究
邹 蓉 著
经济科学出版社出版、发行 新华书店经销
社址：北京市海淀区阜成路甲 28 号 邮编：100142
教材分社电话：010 - 88191309 发行部电话：010 - 88191522
网址：www. esp. com. cn
电子邮箱：bailiujie518@ 126. com
天猫网店：经济科学出版社旗舰店
网址：http：// jjkxcbs. tmall. com
北京密兴印刷有限公司印装
710 × 1000 16 开 11 印张 160000 字
2022 年 9 月第 1 版 2022 年 9 月第 1 次印刷
ISBN 978 - 7 - 5218 - 3873 - 2 定价：48. 00 元
（图书出现印装问题，本社负责调换。电话：010 - 88191510）
（版权所有 侵权必究 打击盗版 举报热线：010 - 88191661
QQ：2242791300 营销中心电话：010 - 88191537
电子邮箱：dbts@ esp. com. cn）

前　　言

葡萄酒是全球经济中最具活力的产品之一，有机葡萄酒是有机食品潮流在葡萄酒领域内的延伸，已经在世界范围内受到消费者的欢迎。预计未来30年，中国将成为全球最大的葡萄酒消费国。与此同时，中国消费者对食品安全和健康等理念的关注也在持续上升，目前已经成为世界有机食品消费的第4大市场。与西方消费者不同的是，中国消费者更多地依赖葡萄酒的象征性（如生活方式）及其他外部特征（如原产国，产品标签和价格）作为评价葡萄酒质量的依据。基于这些背景，研究中国消费者有机葡萄酒购买意愿的影响因素及其作用机理，具有非常重要的理论和现实意义：不仅为中国乃至世界的有机葡萄酒生产者、销售商提供营销思路，而且对于以有机葡萄酒为主要吸引物的农业旅游目的地，对其葡萄种植业、葡萄酒生产业、酒店业和旅游业都会带来直接推动，对这些地区开发葡萄酒销售和旅游市场、招徕游客、实现农业三产融合式发展、振兴乡村均具有重要意义。

鉴于此，本书首先在厘清葡萄酒和有机葡萄酒的概念边界的基础上，对葡萄酒消费领域的理性行为理论文献和情绪的认知评价理论文献进行了述评，形成了"认知＋情感—态度—行为意愿"模型和"认知＋信任—积极情绪—行为意愿"模型，构建了理论基石。其次，对世界和中国葡萄酒及有机葡萄酒消费市场发展现状进行了深入分析。然后针对"认知＋情感—态度—行为意愿"实证框架，提出研究假设，并运用多采样技术收集调研问卷进行实证检验。接下来，针对"认知＋信任—积极情绪—行为意愿"模型的具体假设进行实证检验。最后，从有机葡萄酒种植者、酿造者、销售商、行业管理者四个视角分别提出管理建议。具体而言，本书的内容主要分为问题提出与理论基础（第1、2章）、中国消费者有机葡萄酒消费市场现状分析（第3章）、"认知＋情感—态度—行为意愿"模型实证检验（第4章）、"认知＋信任—积极情绪—行为意愿"模型实证检验（第5章）、中国有机葡萄酒产业发展对策建议与研究展望（第6、7章）等5大部分。通过系统研究，形成以下主要结论：

1. 中国消费者有机葡萄酒消费决策存在认知和情感双重驱动因素。

本书结果表明，情感和认知因素对有机葡萄酒的购买态度有相似影响，消费者对产品的态度是认知和情感评估双重影响的结果，这一结果与前人研究一致。然而，在中国消费者购买有机葡萄酒的动机中，消费者所认知到的有机葡萄酒的健康价值和象征价值已超越情感评价，成为主要影响因素。因此，中国消费者购买有机葡萄酒是在评估消费有机葡萄酒带来的潜在健康价值和象征价值之后的理性决策。

从路径系数来看，虽然健康价值对中国消费者的有机葡萄酒购买态度具有重大影响，但象征价值（如独特的个性、新颖的体验和生活方式）才是驱动中国消费者有机葡萄酒购买意愿的主要因素。这一发现可能与中国的文化相对应。另外，近年多项研究表明，中国旅游者旅行支出的象征价值已发生转变，开始寻求消费背后的真实和独特含义。结合上述结论，本书有助于重新定义中国消费者所理解的有机葡萄酒产品的象征价值。

2. 中国消费者有机葡萄酒消费决策存在"认知＋信任"驱动机制。

本书研究发现，消费者的健康意识是有机葡萄酒消费的主要驱动力，具有较高健康意识的消费者更愿意选择有健康标签的有机葡萄酒。同时，研究证实了社会信任对预测有机葡萄酒消费的重要性。社会信任度越高的消费者对有机葡萄酒的购买意愿越高。

此外，研究结果证实了除认知外，积极情绪对消费者购买意愿具有重要作用，消费情绪是消费者购买意愿的决定因素。消费者对各种机构的普遍信任（即社会信任）和健康意识是诱发积极情绪的先决条件，被唤起的积极情绪反过来激发更高的购买意愿。

3. 中国消费者有机葡萄酒消费决策中存在产品熟悉度调节效应。

在购买决策过程中，产品熟悉度会改变信息输入的性质，是重要的调节因素。研究结果显示，对于不太熟悉有机葡萄酒的消费者来说，积极情绪会主导决策过程；而对于熟悉产品的消费者来说，社会信任和健康意识是影响决策的主要因素。缺乏经验的消费者在进行有机葡萄酒购买决策过程中，较少关注健康意识等认知评估，更多依赖情感信息，将积极情绪等情感反应和社会信任作为购买决策的有效标准。相反，熟悉有机葡萄酒的消费者会建立与产品相关的知识结构，并从认知角度做出购买决策，对他们而言，积极情绪只是增加其决策的可靠性和信心的手段，因此，健康意识和社会信任是影响经验丰富消费者购买意愿的主要因素。

依据该结论，可针对不同产品熟悉度消费群体制定营销策略，为不同类型的食品和葡萄酒销售管理者提供重要的经营指导。

4. 中国消费者决策模式中存在本土文化效应。

中国消费者有机葡萄酒购买意愿的主要影响因素，是对有机葡萄酒象征价值和健康价值等的理性"认知"，而不是情感评价，这一发现证实了中国消费者决策模式中的特殊本土文化效应：在中国文化情境中，消费者更倾向于购买功能性产品，而非享乐性产品。本书强化了这一效应：就算对于长期被认为是享乐型的产品（如葡萄酒），其功能价值（如消费者对其功能的认知评估）对于中国消费者购买意愿的影响也远大于情感评价。这一发现与西方消费文化中进行的研究得到的结论不同。对西方消费者而言，享乐型产品的情感评价被认为比认知评价更具影响力（或至少与认知评价的影响力相当）。因此，尽管中国消费者越来越体现出对于体验式消费的青睐，功利主义仍是中国消费者消费决策的突出逻辑。

5. 情感价值对中国和西方消费者购买意愿影响存在显著差异。

情感因素对中国有机葡萄酒消费者的消费意愿影响不显著，中西方消费行为存在显著差异。以往以西方消费者为研究对象的结论显示，西方消费者在购买有机食品和有机餐饮时，情感价值位于认知和功能价值之上，积极情绪是葡萄酒相关消费不可或缺的因素。而对于中国消费者而言，购买有机葡萄酒是基于对有机葡萄酒的社交价值、符号价值和功能性价值（如健康价值）的理解。这一逻辑在有机食品购买中也有所表现，中国消费者购买有机食品的消费决策主要是因为感知到有机食品的质量和营养价值、感官价值，以及消费有机食品带来的社会地位认知等。因此，本书有助于促进中国与西方消费者有机食品和葡萄酒购买行为的跨文化交流。

邹　蓉

2022 年 8 月

目　　录

| 第1章 |

导　　论

1.1　研究背景、问题及意义

1.1.1　研究背景

作为全球经济中最具活力的产品之一，葡萄酒不仅改变了传统"旧世界"葡萄酒国家（如意大利、法国、西班牙等欧洲国家）的面貌，而且对新兴葡萄酒国家（如美国、阿根廷、智利、南非、澳大利亚、新西兰、中国）的经济增长也起到了重要作用（Festa et al.，2016）。

葡萄酒是世界范围内最重要的佐餐酒之一，也是许多知名葡萄酒产区招徕旅游者的重要旅游吸引物，是消费者餐饮体验、农事体验和旅游体验的重要组成部分。对葡萄酒消费的深入研究，有助于葡萄种植业、葡萄酒酿造业、餐饮业和旅游业的蓬勃发展（Thanh and Kirova，2018）。近年来的研究表明，葡萄酒作为产区农业旅游发展的战略性资源，在推动游客的目的地体验（destination experience）（Thanh and Kirova，2018）、活动参与（events participation）（Liu et al.，2017）和葡萄酒旅游参与（wine tourism participation）（Kim and Bonn，2016）方面发挥着核心作用。因此，学者们呼吁继续进行葡萄酒研究，以发展现有的农业旅游及旅游接待业理论体系（Bonn et al.，2018）。

过去10年，中国葡萄酒市场与世界主要葡萄酒消费国（如美国、法国和意大利）一道快速扩张。国际葡萄与葡萄酒组织（International Organization of Vine and Wine）的统计数据显示，2017 年中国葡萄酒消费量 19.3 亿升，是 1995 年消费量 6.9 亿升的 2.8 倍，年均增长率约达 13%，成为世界第 5 大葡萄酒消费国（见图 1 - 1）。

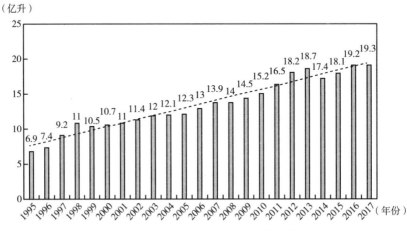

图 1 - 1　1995 ~ 2017 年中国葡萄酒消费量

　　与此同时，葡萄酒体验已经成为中国旅游者的主要出游目的之一。例如，澳大利亚旅游局 2016 年的调查数据显示，中国国际旅游者在选择旅游目的地时，将美食和葡萄酒列为最重要的三个原因之一（Tourism Australia，2016）。与其他传统葡萄酒生产国的消费者不同，杨（Young，2016）等学者的研究表明，对于中国消费者而言，葡萄酒体验所承载的象征价值可能超越了单纯的味觉享受，具有更重要的意义。

　　近年来，倡导更健康、更可持续生活方式的热潮席卷全球，不管是自行烹饪还是外出就餐，消费者对更安全、更健康、更优质食物的需求与日俱增，并进而推动了有机食品市场的蓬勃发展（Aslihan Nasir and Karakaya，2014；Lu and Chi，2018）。与此同时，中国消费者对食品安全和健康等理念的关注也在持续上升，有机食品的消费量已占总食品消费量的约 1.5%（Loebnitz and Aschemann-Witzel，2016）。中国已经成为世界有机食品消费的第 4 大市场（Willer，Lernoud，Huber and Sahota，2018）。

　　有机葡萄酒是有机食品潮流在葡萄酒领域内的延伸，并已经开始在世界范围内受到消费者的欢迎（Bonn et al.，2016；Rahman and Reynolds，2017）。现有关于有机葡萄酒的研究揭示了世界各地葡萄酒（包括有机葡萄酒）消费的一系列动机，如作为烹饪调味品、享乐主义动机、社会奖励动机（Hsieh et al.，2019）、象征主义动机（如作为个性和生活方式的象征）和健康益处动机（Liu and Murphy，2007；Charters and Pettigrew，2008）。尽管有机葡萄酒的生产和消费具有积极的环境和社会意义，但现有的研究也指出了向西方消费者营销有机葡萄酒的两难选择：一方面，消费有机葡萄酒具有亲环境和亲社会意义，另一方面，由于未添加传统酿酒所需的化学物质（如二氧化硫等），很多西方消费者认为有机葡萄酒的感官体验相对较差（Jones and Grandjean，2018；Rahman et al.，2014），因而不愿意购买和饮用有机葡萄酒，这也是有机葡萄酒未能在西方国家大规模生产和销售的重要原因之一。

1.1.2　研究问题与意义

中国并不是传统的葡萄酒生产和消费国，中国消费者对葡萄酒产品的感官需求尚有待开发（Pforr and Phau，2018）。与西方消费者不同的是，中国消费者更多地依赖葡萄酒的象征性（如生活方式）及其他外部特征（如原产国，产品标签和价格）作为评价葡萄酒质量的依据（Balestrini and Gamble，2006；Somogyi et al.，2011）。随着中国经济的发展，人民生活水平不断提高，对健康问题的关注度随之不断上升，这也促使中国消费者更青睐健康饮食和有机产品（Sector Trend Analysis，2016；Sun et al.，2014；Lo et al.，2017）。因此，中国有可能成为有机葡萄酒的重要消费市场。研究中国消费者的有机葡萄酒消费决策，对中国乃至世界葡萄酒产区管理者、酿酒葡萄种植者、葡萄酒酿造者、葡萄酒经销商均具有非常重大的市场价值。

本书旨在填补现有研究中的以下理论薄弱点。

首先，尽管对有机葡萄酒消费的兴趣日益浓厚，但此前的研究结果仅限于西方消费者。研究表明，西方和亚洲消费者在葡萄酒消费行为方面存在明显差异。西方葡萄酒消费者往往优先考虑葡萄酒的内在属性，特别是感官体验在其葡萄酒消费决策中占据重要位置（Rahman et al.，2014；Lu et al.，2017）。而亚洲葡萄酒饮用者主要依赖外部属性（如原产国、价格和社会形象），在评价葡萄酒时较少依赖感官偏好（Camillo，2012；Liu and Murphy，2007；Masson et al.，2017）。因此，在西方市场上阻碍有机葡萄酒消费的葡萄酒感官体验因素，对亚洲市场的影响可能并不显著。

其次，虽然中国葡萄酒生产和消费快速增长，但关于中国消费者有机葡萄酒消费影响因素的研究仍然很少（Jenster and Cheng，2008）。对中国葡萄酒消费的研究仍然以描述性研究为主，对现有理论体系的贡献有限（Camillo，2012；Wang，2017）。根据2016年《国务院关于印发"十三五"旅游业发展规划的通知》的预测，2020年，中国国内游客为64亿人次，出境游客2亿人次，这些旅游者对葡萄酒产区的旅游兴趣日益浓厚（Sector Trend Analysis，2016）。因此，更多地了解中国消费者的有机葡萄酒购买意愿及其影响因素，不仅为中国乃至世界的有机葡萄酒生产者、销售商提供营销思路，而且对于以有机葡萄酒为主要吸引物的农业旅游目的地，对其葡萄种植业、葡萄酒生产业、酒店业和旅游业都会带来直接推动（Alonso，2012），对这些地区开发葡萄酒销售和旅游市场、招徕游客、实现农业三产融合式发展、振兴乡村均具有重要意义。

1.2　研究目标与内容

1.2.1　研究目标

本书以有机葡萄酒这一新型农副产品消费为切入点，选择非传统葡萄酒生产和消费国（葡萄酒"旧世界"国家）、但葡萄酒消费增长潜力极大的中国市场为研究情境，运用认知—态度—行为框架和信任—情绪—行为框架，解释决定中国消费者购买有机葡萄酒意愿的因素。具体而言，试图实现以下研究目标：

第一，厘清有机葡萄酒消费的相关概念，分析中国有机葡萄酒消费者购买意愿的相关理论和文献，寻找理论切入点，构建全文研究的理论基础。

第二，分析葡萄酒和有机葡萄酒消费市场发展状况，增进对中国有机葡萄酒消费市场需求状况、市场规模、市场占有率、质量现状、消费主体等特征的了解。

第三，基于认知—态度—行为理论框架，引入健康价值、象征价值和情感评价，形成一个系统的"健康意识＋象征价值＋情感评价"—态度—行为意愿模型，来分析中国消费者对有机葡萄酒的态度和购买意愿。

第四，以中国消费者的健康意识和社会信任为切入点，形成一个"认知＋信任—积极情绪—行为意愿"理论模型，解释中国消费者对有机葡萄酒的积极情绪和购买意愿。并引入"葡萄酒熟悉度"概念作为调节变量，探讨日常饮用和偶尔饮用葡萄酒的消费者对于购买有机葡萄酒的偏好差异。

第五，为政府加快我国有机葡萄酒行业健康快速发展，为我国有机酒葡萄种植者、有机葡萄酒生产者，和有机葡萄酒销售商的生产和营销实践提供启示。

1.2.2 研究内容

围绕上述研究目标，本书将研究以下几方面的内容：

（1）界定葡萄酒和有机葡萄酒的概念，回顾经典的理性行为理论和情绪认知评价理论，结合中国市场的特殊情境，提出中国消费者有机葡萄酒购买意愿的"认知＋情感"—态度—行为意愿理论框架，和"信任＋认知"—积极情绪—行为意愿理论框架。

（2）分别从国际和国内两个视角，从广义葡萄酒消费市场和有机葡萄酒消费市场两个维度，分析市场格局和市场特征。尤其对中国有机葡萄酒消费市场的需求状况、市场规模、市场占有率、质量状况、消费主体等特征进行了深入的分析。

（3）根据中国消费者对有机葡萄酒的认知，健康价值和象征价值被强调为中国消费者购买葡萄酒背后的主导认知力量（Camillo，2012；Wang，2017）。研究还表明，有必要包括情感评价来理解产品购买背后的驱动力（Grisaffe and Nguyen，2011）。因此，本书在认知—态度—行为框架中引入健康价值、象征价值和情感评价来分析中国消费者对有机葡萄酒的态度和购买意愿，形成一个系统的"健康意识＋象征价值＋情感评价"—态度—行为意愿模型，并对其进行实证检验。

（4）作为一种有机认证类的农副产品，有机葡萄酒的有机标识增加了理解消费者购买意愿过程的复杂性。波恩等（Bonn，2016）、德伦南等（Drennan，2015）的研究都表明，对有机葡萄酒供应商的信任是消费者感知的健康价值和象征价值的来源，因此，信任对于消费者的有机葡萄酒购买意愿可能具有重要的影响。在中国市场，由于三聚氰胺、地沟油等一系列食品安全问题曝光，吸引媒体和公众密切关注的同时，也使消费者对食品安全的信任问题更加凸显（Lam，Remais，Fung，Xu and Sun，2013）。显然，对社会信任的进一步研究，对中国消费者的有机葡萄酒消费行为是至关重要的。因此，本书试图运用拉扎勒斯（Lazarus，1991）的情绪认知评价理论（cognitive appraisals theory of emotion），把消费者的健康意识、社会信任、积极情绪和消费决策行为整合在一个系统的"信任＋健康意识"—积极情绪—行为意愿框架内，以便更全面、更深入地理解中国消费者的有机葡萄酒消费决策。另外，拉赫曼和雷诺兹（Rahman and Reynolds，2017）的研究发现，饮酒经验丰富的消费者，其葡萄酒购买意愿更受内在属性（如感官体验），而非外在属性的影响。基于此，本书在上述"信任＋健康意识"—积极情绪—行为意愿框架中引入饮酒频率作为调节变量，考虑差异化饮酒经验情境对模型的调节作用。

（5）结合实证研究结果，对中国有机葡萄酒行业管理者、有机葡萄种植者、有机葡萄酒生产者、有机葡萄酒销售者提出有针对性的对策建议。

1.3　研究方法与技术路线

1.3.1　研究方法

研究方法的选取应当遵循"问题导向"的原则，选择那些最适合研究主题的方法（李志刚，2012）。基于本书的具体内容和实际操作效率，综合运用文献分析法、市场调查法和计量分析法等多种研究方法，分析中国有机葡萄酒消费者购买意愿的影响因素及作用机理。运用文献分析法，对已有文献中的相关概念和结论进行分析总结，从多种理论视角推演变量间的关系和作用，建构理论框架；运用问卷调查法，选取合适的量表，对调查样本进行数据采集和整理，并对调查样本进行描述性统计差异分析；运用计量分析法，使用 SPSS22.0和 Amos25.0 等统计学软件对变量间的相互关系和作用机理进行分析。

（1）文献分析法。通过在图书馆及国内外文献数据库中的广泛搜索，收集和梳理与葡萄酒消费、有机食品消费、购买意愿、消费者认知、情感评价、态度、信任、积极情绪等有关的文献进行回顾分析，寻找理论切入点，并结合合理的逻辑推断，提出模型框架及假设。

（2）市场调查法。在文献分析的基础上，借鉴已有的成熟量表，确定假设模型中各变量的测量指标，在此基础上形成测量问卷。采用协作型反向翻译程序，将潜变量的外显变量由英文翻译成中文，以提高翻译和交流的有效性。分阶段通过多种采样技术实现问卷数据收集，直到有效样本覆盖中国除台湾省之外的 33 个省级行政单位。剔除无效问卷，对剩余的有效问卷进行地理来源、人口学特征、葡萄酒消费特征等描述性统计分析。

（3）计量分析法。使用 SPSS22.0 和 Amos25.0 等统计学软件，对有效样本进行分析。首先，选择取总有效样本的 30%，进行探索性因子分析，包括相关分析、克朗巴赫信度分析、KMO 检验和巴特勒球形检验、共同性萃取值与因子载荷量分析。随后选取总有效样本的 70% 作为验证样本，进行验证性因子分析。通过多次修正拟合尝试，得到最终测量模型。最后对结构方程模型进行检验，判断假设是否成立。

1.3.2　技术路线

本书研究的技术路线逻辑如下：首先，根据研究问题的相关背景和概念进行文献梳理，分析中国有机葡萄酒消费意愿的可能影响因素和影响路径。

其次，对世界及中国有机葡萄酒消费市场特征进行阐述。再次，形成"健康意识＋象征价值＋情感评价"—态度—行为意愿模型，对中国消费者对有机葡萄酒的态度和购买意愿进行实证检验。再其次，形成"信任＋健康意识"—积极情绪—行为意愿模型，对中国消费者对有机葡萄酒的积极情绪和购买意愿进行实证检验，并引入饮酒频率作为调节变量，考虑差异化饮酒经验情境对模型的调节作用。最后，针对研究结论，对中国有机葡萄酒行业管理者、有机葡萄种植者、有机葡萄酒生产者、有机葡萄酒销售者提出有益的对策建议。具体如图1－2所示。

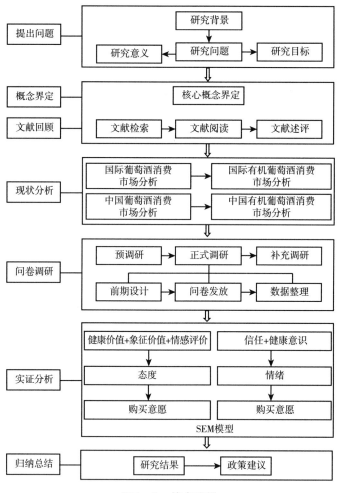

图1－2　技术路线

1.4　结　　构

本书在结构上共分为 7 章，各章的具体内容如下：

第 1 章，导论。

首先提出全书的研究背景。葡萄酒是全球经济中最具活力的产品之一，有机葡萄酒是有机食品潮流在葡萄酒领域内的延伸，已经开始在世界范围内受到消费者的欢迎。预计未来 30 年，中国将成为全球最大的葡萄酒消费国（Camillo，2012）。与此同时，中国消费者对食品安全和健康等理念的关注也在持续上升，目前已经成为世界有机食品消费的第 4 大市场。与西方消费者不同的是，中国消费者更多地依赖葡萄酒的象征性（如生活方式）及其他外部特征（如原产国，产品标签和价格）作为评价葡萄酒质量的依据。

基于这些背景，引出本书的研究问题——中国消费者有机葡萄酒购买意愿的影响因素及其作用机理，并论述该选题的重要意义：不仅为中国乃至世界的有机葡萄酒生产者、销售商提供营销思路，而且对于以有机葡萄酒为主要吸引物的农业旅游目的地，对其葡萄种植业、葡萄酒生产业、酒店业和旅游业都会带来直接推动，对这些地区开发葡萄酒销售和旅游市场、招徕游客、实现农业三产融合式发展、振兴乡村均具有重要意义。

然后，对本书的具体研究目标与内容、研究方法与技术路线进行了详细的阐述。

第 2 章，概念界定与理论基础。

本章节对本书研究所涉及的概念、变量及理论基础进行了文献梳理及分析述评，构建了全书的理论基石。

首先，对葡萄酒和有机葡萄酒的边界进行了界定。重点指出，本书研究的有机葡萄酒，是指使用有机种植方法种植的葡萄生产的葡萄酒，种植过程中不使用人工化肥、杀虫剂和除草剂，使用天然酵母进行酿造，酿造过程中也不使用防腐剂（如亚硫酸盐）。

其次，从中国葡萄酒消费者特征、有机葡萄酒消费行为特征相关文献引入，重点对葡萄酒消费领域的理性行为理论文献和情绪的认知评价理论文献进行述评。基于理性行为理论，主体对客体相关属性的主观认知评估决定了该主体对客体的态度，并进而影响主体的行为意愿（Ajzen，2001），主体对客体的情感评价则强化了这一评估过程的稳健性（Brown and Stayman，1992；Petty et al.，1993）。为探讨中国消费者有机葡萄酒的购买意愿，本书拟结合情感评估和中国葡萄酒消费者群体的两大特殊关键价值认知（健康价值和象征价值），形成一个简化的"认知＋情感—态度—行为意向"模型。基于情绪的认知评价理论，情绪被认为是解释消费者购买餐饮产品和服务体验决策的关键因素（Koenig-Lewis and Palmer，2014；Song and Qiu，2017），已经被越来越多地用于研究消费者行为领域的情绪（Watson and Spence，2007；Liu，Sparks and Coghlan，2016）。本书以中国消费者的健康意识和社会信任为切入点，解释中国消费者对有机葡萄酒的积极情绪和购买意愿，形成一个"认知＋信任—积极情绪—行为意愿"实证框架。并引入"葡萄酒熟悉度"概念作为调节变量，探讨日常饮用和偶尔饮用葡萄酒的消费者对于购买有机葡萄酒的偏好差异。

第3章，中国有机葡萄酒消费市场发展。

首先，对国际葡萄酒消费市场发展状况进行了分析。从葡萄酒生产和消费"旧世界"的形成，到"新世界"的崛起。"新世界"葡萄酒国家虽然起步较晚，但是显现出了巨大的市场潜力，通过对新兴技术的应用，不仅在葡萄种植技术上推陈出新，培养出品质高、产量优的葡萄品种，还丰富了葡萄酒生产技术和工艺的多元化，打破了"旧世界"葡萄酒国家既定的规则，创新了多种葡萄酒口味以满足消费者的需求，销量持续增长。

其次，剖析了国际有机葡萄酒消费市场发展状况。有机葡萄酒产业是有机农业大潮在葡萄酒这一领域的体现。生产有机葡萄酒可以推进土地及环境可持续利用，产品的质量能得到进一步的保证，推动葡萄酒企业获得更多的发展机会。对于葡萄酒的消费者而言，有机食品是一种生态健康的生活方式，有机葡萄酒备受青睐。因此，"有机"概念得到葡萄酒企业和消费者的普遍认可。近年来,有机葡萄酒的产量和消费量都存在显著的增长,世界范围内有机葡萄酒销售的年增长率已经明显超过非有机葡萄酒。但是,有机葡萄酒的消费市场主要集中在欧洲地区,但是在其他地区,有机葡萄酒仍然是小众葡萄酒品类。

再次,对中国葡萄酒消费市场发展状况进行了分析。中国葡萄酒酿造历史悠久,但葡萄酒现代工业化较晚。改革开放后,中国人均收入水平不断增长,作为世界第一人口大国,规模不断壮大的中产阶级群体使中国成为世界葡萄酒消费大国,2018 年,我国葡萄酒消费量已经达到 18 亿升,位列世界第五。同年,我国国产葡萄酒产量仅 6.29 亿升,仅约为当年我国葡萄酒消费总量的 1/3,这说明进口葡萄酒已成为中国葡萄酒市场的主体。

最后,解析了我国有机葡萄酒这一新兴消费市场。我国有机葡萄酒所占的市场份额远远低于欧盟及美国、澳大利亚等,但其中国产有机葡萄酒的市场占有率高达 55%,与整个葡萄酒市场分布情况相比,国产有机葡萄酒国民认可度更高,在中国有机葡萄酒市场上,国产葡萄酒品牌表现非常突出。在面临激烈的进口葡萄酒竞争的中国葡萄酒市场上,生产环境友好的有机葡萄酒,为我国葡萄酒行业发展提供了全新的视角和机遇。

第 4 章,中国消费者有机葡萄酒购买意愿影响因素:认知与情感框架。

首先,基于"认知 + 情感—态度—行为意愿"实证框架,提出 7 个研究假设:假设对中国消费者而言,饮用有机葡萄酒的健康价值、有机葡萄酒的象征价值和对有机葡萄酒的积极情感评价,分别对购买态度和购买意愿会产生积极影响,有机葡萄酒的购买态度也会对购买意愿有积极影响。

其次,对研究过程和方法进行了详细的说明。本书采取基于网络的问卷调查方式。问卷测量题项在综合现有文献的基础上进行了适度的自主开发,以适应中国消费者特点。在将潜变量的外显变量由英文翻译成中文的过程中,采用了协作型反向翻译程序,以确保翻译的准确性。数据收集工作在 2016~2018 年两年时间里分三个阶段完成,通过虚拟滚雪球抽样、目标抽样、整群抽样等多种采样技术实现数据收集,直到有效样本覆盖中国除台湾省之外的 33 个省级行政单位。运用 SPSS22.0 和 Amos25.0 进行结构方程模型（SEM）分析，随机选择总有效样本的30%进行探索性因子分析，70%进行验证性因子分析和路径分析。

最后，定量分析的结果显示，健康价值和象征价值是中国消费者对有机葡萄酒持有的积极态度和购买意愿的重要前因变量；中国消费者对有机葡萄酒的情感评价会激发其对有机葡萄酒产生积极态度，但不会正向影响消费者的购买意愿。该研究结果强调了中国消费者的有机葡萄酒购买意愿存在显著的认知框架，而情感框架的作用则并不显著。从路径系数来看，虽然健康价值对中国消费者的有机葡萄酒购买态度具有重大影响，但象征价值（如独特的个性、新颖的体验和生活方式）才是驱动中国消费者有机葡萄酒购买意愿的主要因素。

第5章，中国消费者有机葡萄酒购买意愿影响因素：社会信任、健康意识与积极情绪—产品熟悉度的调节效应。

首先，基于"认知＋信任—积极情绪—行为意愿"实证框架，提出5个假设：社会信任正向影响消费者对有机葡萄酒的积极情绪/购买有机葡萄酒的意愿；健康意识正向影响消费者对有机葡萄酒的积极情绪/购买有机葡萄酒的意愿；消费者对有机葡萄酒的积极情绪正向影响其对有机葡萄酒的购买意愿。基于产品熟悉度的调节效应，提出如下3个假设：对于产品熟悉度高的消费者来说，社会信任对消费者有机葡萄酒购买意愿的正向影响强于产品熟悉度低的消费者；健康意识对消费者有机葡萄酒购买意愿的正向影响强于产品熟悉度低的消费者；积极情绪对消费者购买有机葡萄酒的意愿的正向影响弱于产品熟悉度低的消费者。

其次，对研究过程和方法进行了详细的说明。本章数据来自第4章同一批样本。仍然使用SPSS22.0和Amos25.0进行结构方程模型（SEM）分析，随机选择总有效样本的30%进行探索性因子分析，70%进行验证性因子分析和路径分析。

研究结果显示，中国消费者的社会信任和健康意识对于消费者对有机葡萄酒的积极情绪和购买意愿均有显著的正向影响，证明消费者的健康意识和社会信任是有机葡萄酒消费的主要驱动力。消费者对有机葡萄酒的积极情绪也会显著正向影响其购买意愿，与情绪认知评估理论相一致。产品熟悉度对消费者健康意识与有机葡萄酒购买意愿关系路径的调节作用显著，产品熟悉度对消费者、对有机葡萄酒的积极情绪与购买意愿关系路径的调节作用显著，但社会信任与购买意向在低熟悉度和高熟悉度群体之间的差异不具有统计学意义。说明缺乏经验的消费者在进行有机葡萄酒购买决策过程中，较少关注健康意识等认知评估，更多依赖情感信息，将积极情绪等情感反应和社会信任作为购买意愿的有效标准，而影响经验丰富消费者购买意愿的主要因素是健康意识和社会信任。

第 6 章，基于购买意愿影响因素的中国有机葡萄酒产业发展对策建议。

基于定量研究得到的结论，结合有机葡萄酒产业发展中存在的问题，从有机葡萄酒种植者、酿造者、销售商、行业管理者四个视角分别提出管理建议。

从有机葡萄酒种植者视角，围绕种植技术、种植过程、营销、产业升级等方面，以提高有机葡萄酒的健康价值、激发消费者的好感和信任、密切产品与消费者之间的互动、满足消费者的葡萄酒文化需求为目的，提出改良种植技术和过程、加大营销力度、重视产业升级等措施。

就有机葡萄酒酿造商而言，首先，企业可通过规范生产过程，积极完成有机认证来树立诚信的形象；其次，不断革新生产工艺，提高有机葡萄酒品质，加强品牌建设，提高有机葡萄酒的符号价值、社交价值等，迎合消费者的面子观；再通过扩大销售渠道，加大营销力度，提高有机葡萄酒的知名度，扩大市场份额；最后，通过营造文化氛围，积极发展工业旅游，增加有机葡萄酒与消费者的情感羁绊，激发消费者的积极情绪。

有机葡萄酒销售商作为供应商与消费者之间的连接，对于有机葡萄酒产业发展具有重要意义。因此，本书首先提出销售商应该严控供应商的产品质量，保证供应商具有生产资质，确保产品经过有机认证，对消费者负责任。其次，将有机葡萄酒的销售商分为中小烟酒行、大型商超、餐厅酒店、线上商店四种类型，对不同类型的销售商分别制定产品销售策略。再其次，基于消费者对有机葡萄酒文化符号愈加关注，鼓励销售商转变销售模式，拓展产品市场；最后提出厂家和商家在运营以及营销方面通力合作，致力于品牌打造和市场开拓。

行业管理者是有机葡萄酒产业发展的重要保障。目前而言，有机葡萄酒市场存在一定程度上的混乱，行业管理者应该加强认证管理和行业监督，确保市场上流通的有机葡萄酒认证合格、品质优良。就产业未来的发展而言，行业管理者应该加大对有机葡萄酒企业的扶持力度，重视特色产区的规划和品牌的培育，助力打造中国乃至世界范围内的优秀产区。最后，针对消费群体对于有机葡萄酒了解程度低、国内饮用有机葡萄酒氛围不浓厚的问题，鼓励行业管理者邀请专家、权威机构背书，普及有机葡萄酒相关知识，引导大众消费有机葡萄酒。

第7章，研究结论与研究展望。

本章首先梳理并总结了本书的结论和主要创新；其次，分析了因研究的局限性而带来的不足；最后，根据本书的结论进一步建议未来的研究方向。

| 第2章 |

概念界定与理论基础

2.1 概念界定

2.1.1 葡萄酒

国际葡萄与葡萄酒组织（International Organization of Vine and Wine，OIV）是这样界定葡萄酒概念的：葡萄酒是且只能是由葡萄果实或葡萄汁经过发酵后获得的酒精饮品（2003）。从 1984 年第一部葡萄酒产品标准——轻工部《葡萄酒及其试验方法》（QB 921 - 1984）诞生，到在相当长的时间里，我国对于葡萄酒概念的界定并未与国际接轨，将葡萄酒按含汁量区分为"葡萄原酒"和"半汁葡萄酒"，其中"以大于或等于 50% 葡萄原酒，经调配而制成的非原汁葡萄酒"被称为"半汁葡萄酒"（《半汁葡萄酒》，QB/T 1980 - 94，1994 年发布）。这种对于葡萄酒的低标准概念界定，大大损害了中国葡萄酒的国际声誉。2002 年 11 月，原国家经贸委颁布了《中国葡萄酿酒技术规范》，正式废除了《半汁葡萄酒》（QB/T1980 - 1994）标准，规定凡不是由 100% 葡萄汁酿造的产品不得再称为葡萄酒，同时国家标准委下达《葡萄酒》国家标准（GB/T15037 - 1994）修订计划。现行《葡萄酒》国家标准（GB 15037 - 2006）与《国际葡萄与葡萄酒组织（OIV）法规》（2003）接轨，对葡萄酒定义为"葡萄酒是以鲜葡萄或葡萄汁为原料，经全部或部分发酵配制而成的、含有一定酒精度的发酵酒"。现行标准按葡萄酒的色泽、含糖量和二氧化碳含量对其类型规定如下：葡萄酒按色泽可分为白葡萄酒、桃红葡萄酒、红葡萄酒；按含糖量可分为干葡萄酒、半干葡萄酒、半甜葡萄酒、甜葡萄酒；按二氧化碳含量可分为平静葡萄酒、起泡葡萄酒、高泡葡萄酒、低泡葡萄酒。

2.1.2 有机葡萄酒

随着全球努力促进健康和更可持续的生活方式，有机食品市场在世界范围内蓬勃发展，以满足消费者对更安全、更健康、更优质的日常消费食品的需求（Aslihan Nasir and Karakaya，2014；Lu and Chi，2018）。作为有机食品的重要组成部分，葡萄酒生产者推出了根据有机农业原则种植和酿造有机葡萄酒。近年来，有机葡萄酒在全世界受到追捧（Bonn，Cronin Jr and Cho，2016；Mann，Ferjani and Reissig，2012；Schaufele and Hamm，2018）。

本书所研究的有机葡萄酒，是指使用有机种植方法种植的葡萄生产的葡萄酒，种植过程中不使用人工化肥、杀虫剂和除草剂，使用天然酵母进行酿造，酿造过程中也不使用防腐剂（如亚硫酸盐）（Wiedmann et al.，2014）。

2.2 理论基础

2.2.1 中国葡萄酒消费者与有机葡萄酒

随着葡萄酒在消费者的日常社交和度假体验中占据越来越重要的地位，餐饮业和农业休闲文献中关于葡萄酒消费的研究快速增长，对有机葡萄酒的关注也日益增多（Bonn et al.，2016；Drennan et al.，2015；Rahman et al.，2014；Rahman and Reynolds，2017）。

许多以西方消费者为主要研究对象的文献指出，虽然葡萄酒的外在属性（如原产国、葡萄品种、价格等）对消费者的购买意愿有一定的影响作用，但葡萄酒的内在属性（如味道等感官表现）才是消费者购买决策的主导因素（Rahman et al.，2014；Lu et al.，2017）。然而，在以亚洲消费者为主要研究对象的文献中，则有不同的结论：亚洲消费者购买葡萄酒的关键决定因素是葡萄酒的外在属性而非内在属性，这很可能与当地并不属于传统的葡萄酒生产和消费区有关（Balestrini and Gamble，2006；Liu and Murphy，2007）。

中国葡萄酒酿造历史非常悠久，可以上溯到公元前的西汉时期，但葡萄酒在中国的工业化酿造和消费的开端却在第一次鸦片战争之后，距今仅100余年（吕庆峰，2013）。中国消费者传统上并没有饮用葡萄酒的习惯，关于葡萄酒内在属性（感官体验）方面的知识积累也并不丰富（Pforr and Phau，2018）。因此，在中国消费者的葡萄酒购买决策中，葡萄酒的外在属性通常成为关键决定因素（Balestrini and Gamble，2006；Liu and Murphy，2007）。在中国，消费者往往非常关注葡萄酒消费的社会象征意义（如财富、社会地位）或功能性价值（如饮用葡萄酒的健康益处），并倾向于通过葡萄酒的外在属性（如原产国、价格）来判断其社会象征意义和功能性价值，并以此作为购买决策的关键影响因素（Camillo，2012）。刘等（Liu et al.，2007）的研究也表明，中国消费者之所以购买葡萄酒，主要是受到饮用葡萄酒这一行为所代表的社会形象的暗示，葡萄酒消费往往代表着时尚和财富；而对于红葡萄酒消费的健康内涵的理解，则可能源于中国的传统中医理论。

近年来，有机葡萄酒日益受到西方葡萄酒消费者的青睐（Rahman et al.，2014；Rahman and Reynolds，2017）。有机葡萄酒泛指在酿造过程中采用有机葡萄（在种植过程中不使用化肥、杀虫剂、杀菌剂和除草剂）并且在酿造过程中不允许添加任何添加剂和防腐剂（如硫化物）的葡萄酒产品（Wiedmann et al.，2014）。然而，关于中国消费者对有机葡萄酒的认知和购买意愿，尚没有相关的研究。根据以西方葡萄酒消费者为主要调查群体的研究结果，利己主义是西方葡萄酒消费者购买有机葡萄酒的首要影响因素，其次则是对生物圈的关注，以及利他主义（Rahman et al.，2014；Rahman and Reynolds，

2017）。例如，购买有机葡萄酒可能出于个人利益的考虑，如注重健康或塑造亲社会的形象（利己主义），也可能出于维护动物福利或支持当地葡萄酒农（利他主义），以及对生态环境保护及可持续发展的支持（生物圈价值）。

许多西方消费者认为，由于生产方法的限制，有机葡萄酒中不使用添加剂和防腐剂，导致其感官体验性较差，因而不愿意购买有机葡萄酒（Jones and Grandjean，2018；Sirieix and Remaud，2010）。因此，在西方消费者群体中，只有具有强烈生物圈价值关注或利他主义意愿的消费者才愿意牺牲葡萄酒的感官体验来换取与其有机特性相关的好处（Rahman et al.，2014）。这显然削弱了有机葡萄酒的商业价值。

然而，有机葡萄酒在西方国家面临的这一困境，在中国情境下很可能并不存在。由于中国消费者在购买葡萄酒时更注重外在属性而不是感官体验等内在属性，因此，相对于西方市场而言，有机葡萄酒在中国市场中因为感官体验差而受到抵制的可能性较小（Balestrini and Gamble，2006；Pforr and Phau，2018）。

根据以中国葡萄酒消费者为主要调查群体的研究结果，利己因素（无添加剂、健康效应、口感体验）是中国葡萄酒消费者购买有机葡萄酒的主要影响因素，其次则是其他经常提到的益处（如环保价值、生物圈价值和支持本地农业）。近年来，中国陷入食品安全危机，部分原因是国内农产品中大量使用农药，这一现象激发了消费者对健康食品的消费意识，引起了他们对有机食品和进口食品的巨大兴趣。研究表明，有机食品在安全和质量方面比同类非有机产品享有更高的声誉（Zhang et al.，2013），有机葡萄酒的有机标识很可能有助于加深中国消费者对该商品的好感，进而再影响消费决策。

2.2.2 理性行为理论与消费者购买意愿的认知 + 情感框架

2.2.2.1 理性行为理论

1975 年，美国学者菲什拜因和阿耶兹（Fishbein and Ajzen）发表了《信念、态度、意向与行为：理论与研究概述》（"*Belief*，*Attitude*，*Intention and Behavior*：*An Introduction to Theory and Research*"）一书，提出了理性行为理论（Theory of Reasoned Action）。

理性行为理论基于理性人假设展开：即假定人们的行为（behavior）一般都是理性思考的结果，是可以被预测和改变的。理性行为理论的逻辑如下。首先，人们在采取行动之前，都会综合考虑各种信息来衡量自己行为的意义和结果，然后再决定是否采取该行动。其次，人们是否会采取某一行为，并不是只能在事后进行统计，还可以在该行为发生前通过测量其行为意向（behavior intention）进行预测。最后，行为意向通常由行为态度（attitude toward the behavior）和主观规范（subject norm）这两个因素决定。其中，行为态度是人们对该行为持有的积极或消极的评价，由个人对行为客体的认知评估，包括对客体属性的认知评估和行为价值的认知评估决定。而主观规范则是人们感受到的在该行为上与他人意见保持一致的社会压力，由两个方面的因素决定，一是个人对重要他人期望自己应该如何做的感知程度，二是与重要他人意见保持一致的遵从动机水平。理性行为理论的基础模型如图 2 - 1 所示。目前，主观规范对于行为意向的影响研究尚待深入，但行为态度对行为意向这一影响路径已经获得了众多学者的认可。

图 2 - 1　理性行为理论基础模型

资料来源：Fishbein and Ajzen，1975。

2.2.2.2　中国消费者有机葡萄酒购买意愿的认知 + 情感框架

已有研究充分证明，通过认知和情感视角来理解消费者态度和购买决策是可行的（Ajzen，2001；Malhotra，2005）。基于理性行为理论，主体对客体相关属性的认知决定了该主体对客体的态度，并进而影响主体的行为意愿

（Ajzen，2001），主体对客体的情感评价则强化了这一评估过程的稳健性
（Brown and Stayman，1992；Petty et al.，1993）。

长期以来，葡萄酒消费作为提升顾客美食体验度的重要组成部分，一直被
认为应归为享乐消费（Bonn et al.，2016）。对于这类消费，在评价过程中融
入情感因素，有助于深入理解消费者对有机葡萄酒的评价。相较于其他因素，
情感能够更快速地表征消费者对客体的反应，从而更有效地帮助预测消费者的
评价（Malhotra，2005）。以往的葡萄酒消费者研究大多以认知为切入点，重点
研究消费者对产品属性的认知和估值，如产品标签（Rahman and Reynolds，
2017）、原产国和对供应商的信任（Drennan et al.，2015）、价格和感官属性
（Rahman et al.，2014）等，从情感角度研究葡萄酒消费者对葡萄酒产品的评
价和消费决策行为的减少，这是一个具有创新性的研究切入点。

中国已成为世界第 5 大葡萄酒消费国，并将在未来 30 年成为全球最大
的葡萄酒消费国（Camillo，2012）。而且中国已经成为世界有机食品消费的
第 4 大市场（Willer，Lernoud，Huber and Sahota，2018）。因此，研究中国
市场情境下的有机葡萄酒消费问题具有非常重要的实践价值。为探讨中国消
费者有机葡萄酒的购买意愿，本书拟结合情感评估和中国葡萄酒消费者群体
的两大特殊关键价值认知——健康价值和象征价值，形成一个简化的"认知 +
情感—态度—行为意向"模型。

2.2.3　情绪的认知评价理论与消费者购买意愿的信任 + 认知框架

2.2.3.1　情绪的认知评价理论

理性人假设是微观经济学的重要理论基石之一，消费者行为研究也长期
受到该假设的影响，认为消费者是理性的决策者（Simon，1959；Schoemak-
er，1982），他们的购买行为决策是通过对产品或服务相关属性（价值）的认
知来做出的，目的是最大化个人偏好（McFadden，Machina and Baron，1999；

Bettman，Luce and Payne，1998）。但是，随着神经科学和心理学的发展，研究证明了大脑中的某些部分，如海马、穹窿、扣带回、海马回、隔区、杏仁核等与情绪产生密切相关，消费者行为研究者们越来越意识到，消费行为也可能是情绪化的，消费者的购买意愿不仅伴随着认知评估，而且伴随着情绪体验，是一种综合的主观体验（Schwarz，1990；Storbeck and Clore，2007）。在消费者购买餐饮产品和服务体验决策领域，情绪也被认为是解释消费者决策行为的关键因素（Koenig-Lewis and Palmer，2014；Song and Qiu，2017）。

从 20 世纪 80 年代开始，阐明了情绪的动机和根源的情绪认知评估理论，逐渐成为情绪理论的主流框架（Watson and Spence，2007；Liu，Sparks and Coghlan，2016）。情绪认知评价理论的代表性人物是美国心理学家拉扎勒斯（Lazarus）。与认知评估方法相一致，拉扎勒斯认为，与认知评估方法相一致，情绪可以被定义为一种心理准备状态，它是对所遇到的事件或思想进行认知评估的结果，这种结果与评估主体（个人）和评估客体的相关度非常紧密，并可能由于这些特定情绪导致一定的具体行动（Lazarus，1991；Bagozzi et al.，1999）。虽然情绪反应通常与事件或物理环境的类别有关，但引起情绪的不是特定的事件或环境，而是个体使用的独特认知评估过程（Bagozzi et al.，1999）。从本质上讲，评估是指对事件特征的评估和解释，应被视为个体产生情绪的主导机制（Zeelenberg and Pieters，2004）。不同的人对同一事件或环境会有不同的情绪反应。因此，情绪认知评价理论的解释符合消费者是"意义建构的积极参与者"的概念（Elliott，1997），它为研究消费者的情绪及其对行为的影响提供了一条可期的途径（Johnson and Stewart，2005）。

2.2.3.2　中国消费者有机葡萄酒购买意愿的信任 + 认知框架

众学者的研究已经取得共识，认为实际状态与期望状态进行比较的结果是情绪反应的关键决定因素（Perugini and Bagozzi，2001）。消费者对某种情境下个体行为后果是否与自己追求某种期望价值实现的动机相一致，是积极或消极情绪产生的前提。如果行为后果与价值实现动机一致，就会产生积极情绪，反之，则产生消极动机。有关研究证明，在有机葡萄酒消费行为情境下，消费者往往假设有机葡萄酒比传统的葡萄酒产品更健康、更安全、更有营养（Padel and Foster, 2005；Lockieet, 2004；Michaelidou and Hassan, 2008），可以推断，消费者的健康意识可能是驱动其有机葡萄酒消费行为的一种隐性动机。由于认为饮用有机葡萄酒对于实现自身的健康价值目标有利，健康意识强的消费者往往对有机葡萄酒产生积极情绪。

除此之外，社会信任和感知确定性也是对情绪的另一种重要解释。具有更高社会信任的消费者所感知到的社会交换确定性也会较高，从而产生更积极的情绪。在中国，一系列食品安全问题，持续受到大众媒体和公众的关注（Lam, Remais, Fung, Xu and Sun, 2013）。食品安全问题影响了中国消费者对商业经营者和政府的信任，并可能进而影响其食品相关消费行为。研究社会信任对中国消费者有机葡萄酒购买行为的影响，将具有重要实践价值。

因此，本书将以中国消费者的健康意识和社会信任为切入点，解释中国消费者对有机葡萄酒的积极情绪和购买意愿，形成一个"认知＋信任—积极情绪—行为意愿"实证框架。

第3章

中国有机葡萄酒消费市场发展

3.1 国际葡萄酒消费市场发展现状分析

3.1.1 国际葡萄酒市场格局分析

葡萄酒的历史源远流长，早在 6000 多年前，人类就已经开始发展葡萄酒产业（Vine，2012）。15 世纪之后，葡萄酒"新世界"的大门敞开，葡萄酒传入南北美洲等地区，并在当地进行生产（李华等，2007）。到了 20 世纪，农耕技术的先进性和管理的科学化生产出更加优质的葡萄酒，欧洲成为重要的葡萄酒主产区和消费区，这与西方传统中的酒文化是密不可分的。特别是在 20 世纪 30 年代，法国便已经建立了一套较为完整的监控地理产区命名（酒标上的地理产区）的法规（刘世松，2014），后来发展成为葡萄酒行业的国际标准。除了欧洲地区，许多新兴葡萄酒酿造地区如美国、智利及澳大利亚等，其葡萄酒业也得到迅速发展。在 20 世纪末，即 20 世纪 80 年代初期，世界葡萄酒消费量到达了峰值 285.75 亿升；到 90 年代，世界葡萄酒消费量出现较大回落，直至 21 世纪初，才有缓慢的波动增长趋势。如今，葡萄酒在全世界气候适宜的众多国家和地区均有生产，同时又有大量且不同种类的葡萄酒可供消费者选择，世界上重要的葡萄酒生产和消费地区的葡萄酒行业正在发生巨大的变化。

数据表明，如今国际葡萄酒消费市场正朝着多元化方向发展。按照国际社会对葡萄酒技术规范及发展历史划分，大致可以分为"旧世界"葡萄酒国家和"新世界"葡萄酒国家（Susan and Richard，2005），"旧世界"国家主要集中在欧洲地区，包括法国、意大利、德国等国家；还有以美国、澳大利亚和南非等为代表的"新世界"国家。"新旧世界"在葡萄酒的生产方式、消费群体与市场布局中有诸多差别，但随着经济全球化对全世界众多行业的冲击，传统的葡萄酒产业及其市场布局正在发生改变，国际葡萄酒的市场格局正在被重塑。

以往，"旧世界"葡萄酒国家占据了全球葡萄酒生产和消费的主场，欧洲是全球最大的葡萄酒生产地区，产量占到全球的60%（Pink，2015）。欧洲国家严格遵循特定的葡萄种植规范和传统的葡萄酒酿造工艺，生产出来的葡萄酒大多品质较高，深受欧洲市场及消费者的肯定。近年来，欧盟主要国家的葡萄酒产量有明显的下滑趋势，如2018年，法国、德国、英国等国家葡萄酒销量出现小幅度下降，其中作为全球重要的葡萄酒产区之一的法国，2014~2018年，葡萄酒总消费量下降率已经超过2%。主要原因在于消费者对于葡萄酒品质的要求越来越高，重视价值的感知与追求，此外，法国及其他地区年轻的消费者饮用葡萄酒频率在降低，更倾向于饮用啤酒、烈酒、气泡酒等酒类，酒类市场的竞争也显得愈发激烈（James，2019）。可见，当下全球经济遇冷，国内外形势严峻，许多欧盟国家葡萄酒市场遭受一定的冲击，面临着销量走低的困局。

反观"新世界"葡萄酒国家，2018年，美国的葡萄酒消费总量升至第一位，中国也在稳步增长，以18亿升的消费总量位居全球第五位，法国、意大利和德国等老牌葡萄酒国家仍占据第二至第四名的位置（见表3-1）。可见，尽管"旧世界"葡萄酒国家具有十分庞大且稳定的市场占有率，但葡萄酒消费量却呈现不增反减的态势，而"新世界"葡萄酒销量保持持续增长，这都表明，"新世界"葡萄酒国家正逐步走上世界葡萄酒的舞台，成为葡萄酒国家的新势力。

表 3 - 1　　　　　　　　**2014～2018 年全球葡萄酒消费情况**　　　　　　单位：亿升

葡萄酒消费国	2014 年	2015 年	2016 年	2017 年	2018 年	2018/2014 年消费变化量	2018/2014 年消费变化率（%）
美国	30.6	30.9	31.7	32.6	33.0	2.3	7.6
法国	27.5	27.3	27.1	27.0	26.8	-0.7	-2.6
意大利	19.5	21.4	22.4	22.6	22.4	2.9	14.9
德国	20.3	20.5	20.2	19.7	20.0	-0.3	-1.5
中国	17.4	18.1	19.2	19.3	17.6	0.2	1.3
英国	12.6	12.7	12.9	12.7	12.4	-0.2	-1.7
俄罗斯	11.1	10.8	10.5	11.1	11.9	0.9	7.7
西班牙	9.8	9.8	9.9	10.5	10.5	0.7	6.7
阿根廷	9.9	10.3	9.4	8.9	8.4	-1.5	-15.5
澳大利亚	5.4	5.5	5.4	5.9	6.0	0.6	10.7
全球	241	243	244	246	246	5.0	2.0

资料来源：国际葡萄与葡萄酒组织（OIV），https：//www.oiv.int/en/statistiques/recherche，2022 年 5 月 30 日。

3.1.2　"旧世界"葡萄酒国家消费市场发展现状

"旧世界"葡萄酒国家广泛分布在欧洲大陆及中东地区，主要包括法国、意大利、德国、西班牙、黎巴嫩、以色列等国家。"旧世界"葡萄酒酿造历史悠久，在种植、酿造工艺不断传承中，具有独特的葡萄酒风味，特别是其葡萄酒文化更是融进了国家文化之中，形成了酒与人密不可分的联系。在 18～19 世纪，葡萄酒还是贵族的专享，人们追求至尊品质，重视质而非量，从而满足上层阶级的需要；到了 20 世纪，"旧世界"葡萄酒国家所酿造的葡萄酒被引入其他地区，开始享誉世界，并逐步平民化。严格的传统酿造工艺依然被沿袭下来，并形成了一定的等级，对葡萄酒的品种、产区、酒庄进行优劣排序，各国还制定严格的葡萄酒法规，法规将葡萄酒的产区进行等级划分，层级分明；从 20 世纪末到 21 世纪，"旧世界"葡萄酒国家经历了一定的衰退，主要原因在于"新世界"葡萄酒国家的市场份额的逐渐扩大，但从现有数据来看，"旧世界"葡萄酒国家在全球消费市场中依然占据主导地位，在高端酒市场更是有着极高的评价和市场份额。

3.1.2.1 葡萄种植面积分析

从地理位置和气候上看，法国、意大利、西班牙等"旧世界"葡萄酒国家集中分布在北纬30°～50°之间，气候温和湿润，适宜葡萄的种植。如法国地处北纬42°～49.5°，南部紧邻地中海，西部山地海拔较高，并会受到墨西哥湾暖流影响，形成的温带海洋性气候也是葡萄生长的理想环境，而其东北部大陆性气候较为寒冷，比较适宜培养香槟酒品种。与其他"新世界"葡萄酒国家不同的是，法国、意大利等葡萄酒超级大国的葡萄亩产量一直不高，这主要是因为，为了保证葡萄酒的高品质，其在葡萄的种植上一直严格控制其单位面积和产量，产区也要划分等级，只有法定产区种的葡萄才能用于酿制葡萄酒。

西班牙、法国和意大利作为最具代表性的"旧世界"葡萄酒国家，2018年，葡萄种植面积分别达96.9万公顷、79.3万公顷和70.5万公顷，各占世界葡萄种植总量的13%、11%和9%，位列第一、第三、第四位。与中国绝大部分葡萄园以出产鲜食葡萄和葡萄干为主不同，这三个国家大多数的葡萄园出产的均为酿酒葡萄，包揽了2018年世界酿酒葡萄产量的前三甲，分别达44.4亿升、48.6亿升和54.8亿升，在世界酿酒葡萄市场占有举足轻重的地位。

3.1.2.2 葡萄酒产量和出口量分析

随着世界葡萄种植量波浪式上升，全世界葡萄酒的产量也呈现出波浪式上升的态势。然而，由于"旧世界"葡萄酒国家的葡萄种植量从21世纪初开始有所回落，"旧世界"葡萄酒的生产一直处于低增长态势，甚至在一些年份还出现了负增长。产量方面，根据国际葡萄与葡萄酒组织的数据，2008～2015年，法国和意大利葡萄酒产量基本维持在41亿～50亿升，多数年份意大利产量高于法国，居世界第一位。2013年是一个特殊的年份，意大利和西班牙的产量均超过50亿升，特别是西班牙的产量远远高于正常年份，这当然与当年良好的天气状况有关。从法国、意大利和西班牙三国的总产量来看，一般占欧盟成员国总产量的 80%，占世界葡萄酒总产量的约 50%。可以说，法国、意大利和西班牙是名副其实的葡萄酒超级大国，这三个国家的葡萄酒产业状况在很大程度上影响和决定着世界葡萄酒产业的走向（亓桂梅等，2016）。2016～2017 年，由于恶劣天气的影响，全球葡萄酒产量创 20 年新低，但意大利仍以超过 40 亿升的总产量保持世界第一的位置，紧随其后的分别是法国和西班牙；到 2018 年，意大利葡萄酒产量更是达到惊人的 54.8 亿升，法国以 49.1 亿升的总产量居世界第二位，西班牙居第三位。可见，即使在"旧世界"葡萄酒国家的酒产量长时间增长乏力的情况下，其仍处于葡萄酒生产的主导地位，并随时可能迸发出强大的活力。

在葡萄酒出口方面，尽管"旧世界"葡萄酒国家在全球葡萄酒出口贸易中仍然占据绝对优势，但从 20 世纪 80 年代末开始，"旧世界"葡萄酒出口量逐渐减少，一直到近十年开始趋于稳定，根据 2012～2014 年的数据，"旧世界"葡萄酒国家的出口量较为稳定，法国的葡萄酒出口量稳定在 13 亿～14 亿升，而意大利和西班牙的出口量也稳定在 20 亿升以上。

3.1.2.3 葡萄酒消费量和进口量分析

作为传统的葡萄酒生产和消费区域，"旧世界"的消费量一直保持着较高的水平，在 20 世纪 80 年代，更是占据了全球葡萄酒消费量的绝大部分。20 世纪 90 年代，全世界葡萄酒消费量骤减，这主要还是同"旧世界"葡萄酒国家的消费量减少密切相关。直到 21 世纪初，世界葡萄酒消费量才稳步增加，但根据统计结果来看，"旧世界"葡萄酒国家的消费量实际上是继续呈下降趋势的。以消费量排名前列的法国和意大利为例：2000 年，法国的葡萄酒消费量为 34.5 亿升，意大利为 30.8 亿升，分居第一、第二位；2007 年，法国的葡萄酒消费量为 32.2 亿升，意大利为 26.7 亿升，分居第一、第三位；2013 年，法国的葡萄酒消费量为 28.7 亿升，意大利为 21.8 亿升，分居第二、第三位；2018 年，法国的葡萄酒消费量为 26.8 亿升，意大利为 22.4 亿升，分居第二、第三位。不难看出，代表着"旧世界"葡萄酒国家的法国和意大利的葡萄酒消费量在这将近二十年间持续低迷。可能原因如下：第一，近年来，欧洲经济持续低迷，在这种形势下，人们对于价格昂贵的高端葡萄酒的消费自然会有所减少；第二，伴随着近年来欧洲国家对酒精监管力度的加强，给葡萄酒市场带来了不小的冲击，直接导致酒的消费量降低；第三，随着时代的发展，各种新兴酒精饮品层出不穷，并受到不少年轻人群体的追捧，形成了对传统葡萄酒市场的替代效应。

2013 年，葡萄酒进口量排在前五的国家分别是英国、德国、法国、美国和俄罗斯，而到 2018 年，葡萄酒进口量排名前五的国家中，美国以 11.5 亿升的进口量，远远超过进口量只有 7.1 亿升的法国，中国也以 6.9 亿升的进口量，成为世界第五大葡萄酒进口国。"旧世界"葡萄酒国家持续低迷的消费量，成为抑制其葡萄酒进口的主要原因。

3.1.3 "新世界"葡萄酒国家消费市场发展现状

"新世界"葡萄酒国家虽然起步较晚，但是显现出了巨大的市场潜力，以美国、南非、澳大利亚为代表的"新世界"葡萄酒国家，通过积极采用新技术，打破了传统葡萄酒酿造的繁杂程序，在一定程度上推动了当地酿酒葡萄种植、葡萄酒酿造技术的变革，不仅在葡萄种植技术上推陈出新，培养出品质高、产量优的葡萄品种，还促进了葡萄酒生产技术和工艺的多元化，打破了"旧世界"葡萄酒国家既定的规则，创新了多种葡萄酒口味以满足消费者的需求。如今，"新世界"葡萄酒国家正不断扩大其市场份额，尤其是在中低端葡萄酒市场，实惠的价格、较高的品质、丰富的品种，不仅刺激了"新世界"葡萄酒国家的葡萄酒消费，对其他发展中国家乃至发达国家的普通民众也极具吸引力，这也是"新世界"葡萄酒国家能够在老牌葡萄酒国家主导的国际市场站稳脚跟的主要原因。

3.1.3.1 葡萄种植量分析

与"旧世界"葡萄酒国家类似，"新世界"葡萄酒国家所处的地理位置和气候条件也是十分利于葡萄种植的，像北美的美国，南美的阿根廷，大洋洲的澳大利亚，亚洲的中国，非洲的南非等，都成为"新世界"葡萄酒国家的葡萄种植、葡萄酒生产的主要力量。

在葡萄种植面积方面，"新世界"葡萄酒国家最近几年总体上呈平稳增加的趋势，从 2015 年开始，欧洲以外国家的葡萄种植面积保持相对稳定，达到了 350 万公顷，而全世界葡萄种植面积约为 750 万公顷，"旧世界"葡萄酒国家几乎占到了一半。2015 年，中国的葡萄种植面积增加了 3.4 万公顷，以总种植量 83 万公顷成为世界第二大葡萄园面积的国家，仅次于面积超过 102.1 万公顷的西班牙。2016 年，中国葡萄面积达到创纪录的 84.7 万公顷，比 2015 年增加 1.7 万公顷，是世界葡萄发展的主要增长点（亓桂梅等，2018）。在葡萄产量方面，由于摈弃了"旧世界"国家传统的酿酒葡萄的种植技术，不受分区和等级制度的限制，"新世界"葡萄酒国家在单位葡萄产量上有了较大提升。1978 年至今，世界葡萄单产的年增幅达到了 2%，但欧洲由于受到分区等级等技术的限制，单产增幅比较缓慢（白妙珍，2016）。2013 年，世界葡萄产量约为 7000 万吨，其中美国以 638.53 万吨、中国以 608.00 万吨分居第二、第四位；到 2015 年，世界葡萄产量达到了 7600 万吨，中国以 1260 万吨的总产量跃居第一位，占全球总产量的 17%，美国则以稳定速度增加到 700 万吨，居第三位。

总体分析，"新世界"葡萄酒国家在葡萄种植量上的稳定增长，成为全世界葡萄种植量稳步增长的主要力量，这和"新世界"葡萄酒国家不断开拓的消费市场是分不开的。

3.1.3.2　葡萄酒产量和出口量分析

2007 年之后，伴随着"新世界"葡萄酒国家在葡萄种植和葡萄酒酿制技术上的不断改革和进步，以及在国际葡萄酒市场份额的逐步扩大，国际葡萄酒的市场格局正发生着一系列变化，最重要的一个表现是，"新世界"葡萄酒的产量在逐年上升，而"旧世界"葡萄酒的产量在波动下滑。尽管"旧世界"葡萄酒国家的产量在近几年有上升表现，但相对于其在 20 世纪的统治级地位，这种增长也是有限的。2013 年，欧洲国家的产量约为 58%，其他各国占到 42%（Orth，Wolf，2013）；2017 年，"新世界"葡萄酒国家的生产量继续稳中有升，美国虽然减产 1%，但由于其在 2016 年的高产量，其在 2017 年依然以较大优势排在第四位，同时，阿根廷葡萄酒产量增加了25%，澳大利亚增加了 6%。

在出口方面，尽管"旧世界"葡萄酒国家的产量日益增加，但国内市场的缺口较大，需求量往往要通过大量进口才能弥补，因而这些国家的葡萄酒出口量目前较少。

3.1.3.3 葡萄酒消费量和进口量分析

相较于需求日益乏力的"旧世界"葡萄酒国家，近些年，"新世界"葡萄酒国家不论在葡萄酒消费量还是进口量，都迸发出强大的活力。其中，智利、澳大利亚 2013 年的葡萄酒消费量分别比 2012 年增长了 20.19% 和 3.44%，而葡萄牙、西班牙、德国等国的消费量均下降（唐文龙、刘世松，2015）。在具有人口优势的美国和中国，葡萄酒消费量更是迅速增加。从 1994 年开始，美国葡萄酒行业经历了消费增长和价格持续上涨的长期趋势。25 年后，美国成为世界上最大的葡萄酒消费国，这让美国酿酒商拥有了惊人的主场优势。从 2011年开始，美国葡萄酒消费量便超越法国，更是一跃成为世界第一大葡萄酒消费国，从 2013 年开始总消费量已经超过 30 亿升。到 2014 年，美国的葡萄酒消费量为 30.7 亿升，居世界首位。而中国以 15.8 亿升的消费量居第五位；到 2018年，美国更是以高达 33 亿升的总消费量稳坐第一，中国继续平稳增长至 17.9亿升，居第五位。根据 FAO 数据显示，2004 年以来，亚太、北美等新兴葡萄酒消费地区的消费总量及人均消费量增速均大幅领先于其他地区。其中消费总量上，亚太地区增量为 99%，北美地区增量为 55%；而在人均消费量上，亚太地区增量为 67%，北美地区增量为 36%。在这中间，中国、美国的消费总量增速分别达到 207% 和 57%，成为全球范围内为数不多的葡萄酒需求量增长大国。

在葡萄酒进口量方面，2015~2018 年，全球葡萄酒进口量排在前五位的始终为德国、英国、美国、法国和中国，美国和中国作为"新世界"葡萄酒国家，葡萄酒进口量在保持相对稳定的前提下紧紧追着德国、英国和法国。随着葡萄酒文化的不断普及，消费者品鉴能力的不断提升，以及传统葡萄酒产区需求乏力、葡萄酒出口加速的情形下，"新世界"葡萄酒国家的葡萄酒进口量将会是稳中有升的态势，形成与"旧世界"葡萄酒国家瓜分乃至超越其进口市场的新形势。

3.1.4　"新、旧世界"融合下的葡萄酒消费市场发展现状

在如今经济全球化的背景下，经济交往、文化交流更加便捷和频繁，"新、旧世界"的葡萄酒国家似乎并没有那么割裂，而是逐渐走向统一和融合。尽管"新、旧世界"葡萄酒国家间的差异仍然存在，但这种差异正在以一种融合的形式发生着改变。举例来说，"旧世界"葡萄酒国家主要生产高端葡萄酒，但同时也会有相当数量的中低端酒生产，如西班牙，会生产和销售大量中低端葡萄酒；美国葡萄酒市场主要以中低端酒为主，但近些年，一批批高端葡萄酒也应运而生，如在 2017 年的《葡萄酒观察家》的百大葡萄酒评选中，美国葡萄酒品牌梅洛首次力压法国、意大利等中老牌葡萄酒品牌，在 WS 百大葡萄酒中夺冠，且入选 WS 百大葡萄酒榜单上的旧款有 32 款来自美国，占比几乎达到 1/3。在这种"新、旧世界"融合的情形下，葡萄酒消费市场往往陷入品牌繁多、价格不明晰的混战格局。

另外，国际市场上呈现出供大于求的场面，特别是以法国、意大利、西班牙等"旧世界"葡萄酒国家为首的主产区，近年来，葡萄酒产量呈现波动式上升，但国内消费量却持续低迷，这导致了其国内葡萄酒囤积严重，葡萄酒出口竞争激烈等问题。

在人均消费方面，根据 OIV 发布的数据，到 2018 年，葡萄牙的人均葡萄酒消费量达 62.1 升，居世界第一位；法国以 50.2 升的人均葡萄酒消费量居第二位；意大利以 43.6 升的人均葡萄酒消费量居第三位。随着葡萄酒文化在全球范围内的不断普及，中国的人均葡萄酒消费量略有上升，达到 1.5 升，居世界第二十四位。

3.2 国际有机葡萄酒消费市场发展现状分析

3.2.1 全球有机葡萄酒市场需求分析

早在 20 世纪初，以生态学为基础的有机农业开始兴起（陈声明、陆国权，2008）。20 世纪 40 年代，为了应对农业工业化，在全球范围内兴起有机农业运动。20 世纪 70 年代后，有机农业以迅猛的速度在全球得到广泛的推广、蓬勃的发展，并取得了卓越的成就。根据瑞士有机农业研究所（FiBL）调查数据显示（见图 3 - 1），在 1999 年，全球有机农业的面积仅为 1100 万公顷（Gale，Vince，Farmery，2017），到 2017 年底，全球共有 6890 万公顷有机农田，同比 2016 年增幅达到 20%。同时，随着全球有机农业的迅速推广，有机农业的销售额也在同步增长。全世界有机农业的销售额在 1999 年

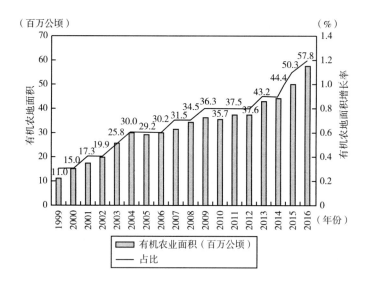

图 3 - 1　1999~2016 年全球有机农业用地面积发展情况

资料来源：转引自 Gale F, Vince J, Farmery A. Certification schemes in the Australian organic industry［C］. 3rd International Conference on Public Policy（ICPP3）. 2017：1 - 25.

达到 152 亿美元，到 2016 年销售额已增长至 900 亿美元，显示出良好的增长态势。由此可见，有机农业在所有农业类型中发展最快。

有机的概念逐渐推广到世界各地，按照有机食品加工的要求生产出来的葡萄酒，就是有机葡萄酒。目前，国际上对有机葡萄酒尚未有明确统一的定义，一般是指完全按照天然的培植方法耕种、不使用化学肥料农药、采用人工采摘等，酿造时也不使用化学物质，严格保证葡萄酒的品质，产出健康安全、品质高的有机葡萄酒。全球正面临着环境污染严重、化学制剂使用泛滥的问题，将有机概念与葡萄酒业相结合，有机葡萄酒完全采用有机种植、有机葡萄酿造等方式，葡萄酒的品质得到很大的提高，同时有机葡萄酒的出现迎合了消费者对健康的追求，提高了有机葡萄酒在消费市场上的竞争力。

总体来说，全球有机葡萄酒消费快速增长的原因主要有两个，其一，对于葡萄酒生产商来说，生产有机葡萄酒可以推进土地及环境可持续利用，产品的质量能得到进一步的保证，推动葡萄酒企业获得更多的发展机会；其二，对于葡萄酒的消费者来说，有机食品是一种生态健康的生活方式，有机葡萄酒备受青睐。因此，"有机"概念得到葡萄酒企业和消费者的普遍认可，随着有机消费的不断推进，有机葡萄酒市场的发展机会必将越来越凸显。

3.2.2 全球有机葡萄酒市场供给分析

世界葡萄酒行业日新月异，随着人们对有机葡萄酒的需求日益增加，发展有机葡萄酒已成为重要的发展趋势，可见世界有机葡萄酒具有十分广阔的市场前景。近年来，有机葡萄酒的产量和消费量都存在显著的增长，世界范围内有机葡萄酒销售的年增长率已经明显超过非有机葡萄酒，由此可见，随着全球非有机葡萄酒市场竞争愈发激烈，新兴的有机葡萄酒加入竞争市场后，非有机葡萄酒的市场份额再一次被瓜分，有机市场正在不断崛起。

从全球范围来看，有机葡萄酒的市场表现日益突出。根据国际葡萄酒及烈酒研究所（IWSR）预测，2023 年全球有机葡萄酒消费量将会增至 9.76 亿瓶，相比 2018 年的 7.29 亿瓶增幅达到 34%，比 2013 年的 4.41 亿瓶增加了一倍以上。作为葡萄酒行业中一个新兴品类，到 2023 年，有机葡萄酒消费量约占全球葡萄酒市场的 3.5%，与 2018 年的 2.6% 及 2013 年的 1.5% 的市场份额相比，实现了小幅度的增长。

随着全球有机葡萄酒市场稳步增长，欧洲有机葡萄酒消费市场出现明显的增长热潮，尤其是"旧世界"葡萄酒生产国家，包括西班牙、意大利及法国等。有机葡萄酒消费热潮的兴起，也带动各个国家有机葡萄种植面积的扩张。就 2016 年的数据来看，欧盟是当前世界上有机葡萄园认证面积最大的地区。IWSR 的数据显示，全球 84% 的有机葡萄酒产区分布在欧洲，大多数葡萄酒生产国的有机葡萄园面积出现倍数增长。根据国际葡萄酒行业网站 Vitisphere.com 公布的数据，西班牙的有机葡萄种植在全世界遥遥领先，在全球有机葡萄酒生产领域占据着主导地位，其次分别是意大利和法国。西班牙是全球最大的有机葡萄酒生产国，即使处于科技快速发展的现代社会，西班牙始终坚持传统的酿造技术，很多葡萄酒庄拒绝使用任何化学合成药品或杀虫剂。截至 2020 年，西班牙拥有超过 80000 公顷的有机葡萄园，大概占西班牙葡萄园总量的 12%，近十年的增长率高达 413%。世界排名第二位的意大利有机葡萄园的种植面积为 72361 公顷，主要位于意大利南部托斯卡纳（Toscana）大区、西西里（Sicilia）大区以及普利亚（Puglia）大区的有机葡萄园种植面积之和约占意大利有机葡萄园总面积的 2/3，它们是意大利有机葡萄种植面积最大的三个大区。排世界第三位的法国盛产优质的葡萄酒，是世界上领先的葡萄酒生产大国，在有机葡萄酒生产领域仍然占有举足轻重的地位，有机葡萄园总面积达 66000 公顷。

随着有机葡萄酒市场需求的不断扩大，葡萄园面积的增长，销售端的需求也在同步增长。有机葡萄酒的市场占有率正在不断地增长，整体涨幅高达 15%。根据波尔多葡萄酒行业协会发布的数据显示，2018 年，波尔多葡萄酒的总销量为 1.44 亿瓶，同比下降 12%。但是，有机葡萄酒的市场出现正向增长，2018 年，有机葡萄酒的销售额呈现两位数的增长，可见有机葡萄酒在全球市场上维持着超高的人气。根据数据显示，有超过 60% 的波尔多葡萄园都通过了环境认证，当地政府也在极力通过推出积极政策，鼓励葡萄园主们扩大有机葡萄园耕种的面积。有机葡萄酒销量和销售额的快速增长，反映出了强大的市场魅力，也体现了有机葡萄酒带来的超高溢价空间。

3.2.3　全球有机葡萄酒市场消费分析

目前，有机葡萄酒的消费市场主要集中在欧洲地区，但是在其他地区，有机葡萄酒仍然是受众小的葡萄酒品类。欧洲国家如意大利、法国、德国、瑞士等，消费者多对有机葡萄酒消费保持积极态度，认为有机葡萄酒比传统葡萄酒更健康（Gale，Vince，Farmery，2017），有机葡萄酒在葡萄酒市场中所占的份额逐渐增加。

在欧洲的葡萄酒市场上，消费者对于有机葡萄酒和非有机葡萄酒的态度表现不完全一致：瑞典喜欢饮用葡萄酒的人数最多，高达 72.5%；其次是英国和法国，比例分别为 71.0% 和 69.5%。而有机葡萄酒消费状况有所差异，51.2% 瑞典消费者选择购买有机葡萄酒，法国有机葡萄酒消费者占比 35.8%，英国消费者占比最少，仅为 21.0%（Gong，Liao，2016）。欧洲不同国家有机葡萄酒消费情况的调查发现，瑞典在葡萄酒和有机葡萄酒消费方面都超过英国和法国，虽然瑞典的葡萄酒产业规模较小，但是消费者对于葡萄酒和有机葡萄酒消费需求比较旺盛；法国和英国都是"旧世界"葡萄酒产地，葡萄酒产业发展历史悠久。英国有机葡萄酒市场目前的规模较小，但与非有机葡萄酒相比，已经有了显著的增长，有机葡萄酒的市场正开始扩大（Sharples，2000）。2012 年，英国的有机葡萄酒消费量是 336 万箱，2017 年达到 572 万箱，可见英国葡萄酒消费需求在发生转变，有机葡萄酒日益受到消费者的欢迎。

研究表明，在澳大利亚，有机葡萄酒作为有机环保产品较少被大众消费者所重视，只有一小部分葡萄酒消费者愿意购买有机葡萄酒（Remaud，Mueller，Chvyl et al.，2008）。澳大利亚作为"新世界"葡萄酒生产国，通过启动澳大利亚可持续葡萄种植（SAW）计划（David，2019），试图推进整个澳大利亚葡萄酒产业的可持续发展，也推动有机葡萄酒市场份额的不断扩大。近年来，澳大利亚葡萄酒消费及出口量的增速显著，2018 年，有机葡萄酒的消费约为 68 万升，实现了同比增长 28%。除了国内消费的增长，有机葡萄酒出口市场也表现突出，2016 年，通过澳大利亚有机葡萄酒及生物动力法认证的有机葡萄酒出口总价值为 1200 万澳元，到 2019 年 3 月，出口总值突破 1700 万澳元，三年间涨幅高达 34%。总而言之，澳大利亚的有机葡萄酒国内外市场都显示出明显的增长，表现出巨大的发展潜力。

3.3　中国葡萄酒消费市场发展现状分析

3.3.1　我国葡萄酒产业发展的概况

早在唐朝，中原地区开始出现大规模酿造葡萄酒；同时，由于当时交通发达，西域和中原私交甚好，西域出产的葡萄酒也被引进中原，至此唐朝出现人们普遍饮用葡萄酒的情形（王赛时，1996）。直到 1892 年，张裕酿酒公司的创办，标志我国葡萄酒现代工业化进程的开始（韩虞梅、韩锦平，2009）。

然而，中国葡萄酒市场的真正兴起应追溯至 20 世纪末（李建芳，李益，2018）。当时，中国规模不断扩大的中产阶级群体展现了强劲的消费力，使其成为对全球葡萄酒生产商极具吸引力的出口市场。尽管中国正经历着自 20 世纪 90 年代以来国内生产总值（GDP）最慢的增长期，但它仍然是世界第二大经济体，2021 年的 GDP 为 17.7 万亿美元。随着我国人均收入的不断提高和消费环境的变迁，中国的葡萄酒市场得到了巨大的发展。

我国葡萄酒消费市场经历了 5 次消费升级。1949～1977 年是第一阶段，国内葡萄酒消费受到购买力的限制，产量和销售量增长缓慢，处于低速发展时期。1978～1994 年是第二阶段，国内消费市场受到改革开放的刺激，多家葡萄酒企业产量和消费者的消费量有了一定的增长，处于快速发展时期。1995～2002 年是第三阶段，国家颁布了葡萄酒国家标准（GB/T 15037 - 1994），调整规范国内葡萄酒生产，企业也积极行动起来，不断提高国产葡萄酒的质量，并进行大量市场推广活动，葡萄酒市场进入转型发展时期。2003～2008

年是第四阶段，此时中国已加入世界贸易组织，国内外葡萄酒产品纷纷涌入市场，葡萄酒市场进入提升发展时期。2009 年至今是第五阶段，国内外葡萄酒产品同台竞技、共同发展，迎来全球化发展时期（唐文龙，2019）。

葡萄酒产业在时代中得到飞速发展，中国也成为目前世界上葡萄酒消费市场发展最快的国家（崔林，2006）。据中国国家统计局数据显示，2018年，我国葡萄产量 1366.7 万吨，葡萄园面积 725.1 公顷，葡萄酒产量高达62.9 亿升。此外，我国葡萄酒的消费状况呈现快速增长态势，2018 年，葡萄酒消费量已达 18 亿升，成为世界第五大葡萄酒消费国，可见我国葡萄酒消费市场发展迅猛、前景广阔，有巨大的拓展空间。

3.3.2　我国葡萄酒产量和进口量现状

目前，我国的葡萄酒产业仍然处于高速发展中，中国葡萄酒市场价值依旧存在较大的提升空间。2018 年，我国葡萄酒消费量仅占酒类年消费总量的1.5%，人均葡萄酒消费为 1.5 升，这两项指标都远远落后于欧美国家。

根据我国葡萄酒产量数据显示（见图 3 - 2），2009 年中国葡萄酒产量为96 亿升，2012 年葡萄酒产量达到最高值 13.8 亿升，但之后产量下行，2018

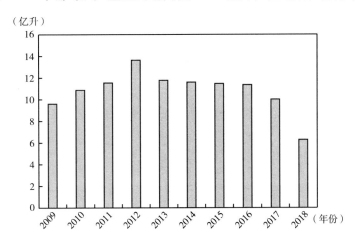

图 3 - 2　2009 ~ 2018 年中国葡萄酒产量

资料来源：国家统计局，https://data.stats.gov.cn/，2022 年 5 月 30 日。

年，跌至 6.29 亿升，这一方面是由于我国葡萄酒行业主动调整，劣质产能下降，优质产能上升。另一方面也是由于进口葡萄酒产品的持续冲击，导致我国葡萄酒产量波动下滑。

据统计，2009 年我国葡萄酒进口量为 1.7 亿升。其后近十年这一数据一直保持稳中有升，如图 3 - 3 所示，2017 年，葡萄酒进口量达 7.5 亿升，2018 年进口量虽有所下降，仍达到了 7.29 亿升。在全球化背景下，基于我国庞大的人口数量、持续增长的国民收入及购买力，葡萄酒进口数量庞大，某些年度甚至超过了国产葡萄酒的产量。

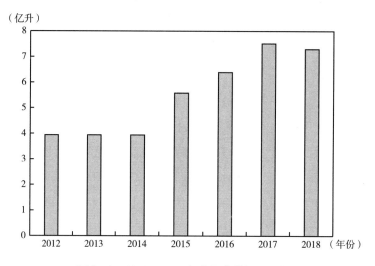

（亿升）

图 3 - 3   2012 ~ 2018 年中国葡萄酒进口量

资料来源：中国海关总署，http：// www. customs. gov. cn/eportal/ui? pageId = 302275，2022 年 5 月 30 日。

3.3.3   我国进口葡萄酒消费市场现状

根据国家的相关规定，进口葡萄酒进入我国消费市场需要缴纳一定的进口关税，在过去，进口葡萄酒的关税并不低，因此市场上进口葡萄酒的价格大多比较高，在商品价格方面，进口葡萄酒对于消费者的吸引力受到极大限制。在改革开放和加入世界贸易组织之后，进入我国市场的酒类产品的限制不断减少，进入壁垒降低，这一重要举措有利于进口葡萄酒打入国内市场，我国进口葡萄酒的关税因此得到大幅度的降低（唐文龙，2019）。近年来，国家积极调整进口葡萄酒的相关税率，以 750 毫升标准瓶的葡萄酒为例，进口关税调整到 14%，增值税为 17%，消费税为 10%，综合税率约为 48%。同时，国家之间的贸易关系也影响着进口葡萄酒的价格。受惠于"零关税"等政策红利，部分国家进口的葡萄酒价格会更低。例如，智利、新西兰出口到中国的葡萄酒只需要缴纳增值税和消费税。根据中澳自贸协定，自 2015 年以来，澳大利亚进口葡萄酒连续 4 年关税递减，到 2018 年税率已降至 2.8%，自 2019 年 1 月 1 日起实现"零关税"。种种现象表明，这些红利可以为我国葡萄酒行业带来诸多良性的、普惠性的影响。种类繁多、价格亲民的进口葡萄酒打动了国内消费者，进一步推动了进口葡萄酒进入国人的视野，也带来了葡萄酒消费市场的繁荣和壮大。

根据中国酒类进出口商会数据显示，2019 年 1～6 月，中国葡萄酒进口总量为 31.5 千万升，总金额为 12.3 亿美元，与同期相比分别下降 14.09% 及 19.46%。就 2019 年中国进口葡萄酒市场表现来说，呈现略微下滑的趋势，其实，2014 年，我国葡萄酒进口量就曾发生过下跌，但进口金额有所上升；2018 年，进口量再次出现了 8.26% 的下降，进口金额仍然保持 2.12% 的增幅。观察 2019 年的数据可知，我国葡萄酒的进口量和总金额首次呈现两位数的下跌，为近年罕见，引起葡萄酒行业的强烈关注。自 2017 年以来，我国进口葡萄酒结束了"井喷式"增长的时代，逐渐步入缓慢平稳的发展时期。此次双降的信号显示，我国葡萄酒行业正在进入转型期，也反映对之前高速增长状态的修正。当面临进口量下跌和库存升高的困境时，行业内必须进行洗牌和调整，注重品牌塑造、市场调研、互动沟通等，推动企业业绩的增长。

就我国进口葡萄酒市场份额来看，2019 年上半年，澳大利亚、法国以及智利成为主要进口来源国，澳大利亚进口葡萄酒总量为 7.4 千万升，市场占有率为 33.74%，位居榜首；其次是法国，进口总量为 7.0 千万升，市场份额为 28.56%；智利进口总量和总金额都有小幅增长，总量为 9.3 千万升，总金额为 1.9 亿美元，所占比例为 15.79%。澳大利亚、法国和智利三国的市场份额加起来远远超过整个市场份额的一半，以压倒性的优势占据我国进口葡萄酒来源国的前三名，法国作为葡萄酒"旧世界"国家的代表，深刻影响着我国进口葡萄酒消费，同时，在如澳大利亚和智利等"新世界"国家的冲击下，挤占了不少的市场份额，更因为"零关税"的红利政策加快占有我国进口葡萄酒的消费市场，澳大利亚和智利也成为在中国市场上增长最快的国家（卢大卫，2018）。我国进口葡萄酒市场趋于多样化，进口葡萄酒国家越来越多，产品也越来越丰富，同时，进口市场被少数葡萄酒生产国所占据，其他国家想要扩大市场份额，仍然困难重重。

3.3.4 我国中高端葡萄酒消费市场现状

受到国内经济和收入水平提高的影响，酒类产品也渐渐出现升级换代的趋势，主要表现在中高档产品种类的增多和消费比例的提高（古午，2002）。近年来，国内葡萄酒消费市场表现出持续的火热，也带动我国中高端葡萄酒市场需求的增长。从当前的情况看，消费者的选择正日趋多元化，对葡萄酒的品尝和鉴赏能力水平也逐步提高，越来越多的消费者认识到葡萄酒并不只是葡萄汁饮料，优惠价格的葡萄酒市场竞争力也在降低。随着消费升级的愈加深入，消费者将关注点从产品的价格转移到葡萄酒的品质，这些都反映出消费者心态和观念的转变，因而加速我国中高档葡萄酒消费信心的增长。总之，随着我国葡萄酒消费需求日益增长，中高端葡萄酒也成为增长最快的产品（户才斌、云帆，2003），国内葡萄酒企业为了占有更多的市场份额，纷纷重新布局调整市场，许多国产葡萄酒龙头转战中高端市场，努力提高国产葡萄酒在国内外市场上的竞争力。

但是，我国国产中高档葡萄酒生产尚存在诸多门槛，尤其是在酿酒葡萄品质方面，除少数优质产区外，我国大部分葡萄酒产区受地区气候、湿度等条件的影响，生产出的酿酒葡萄品质不高，限制了国产高端葡萄酒的发展。酿酒葡萄的品质是生产中高档优质葡萄酒最重要的基础条件之一，如果国产酿酒葡萄的品质不能得到保证，就无法酿造出优质的国产葡萄酒。根据中国酒业协会发布的中国葡萄酒市场产品品鉴分析结果来看，其中价格在 200 ～ 300 元的前 50 款的葡萄酒，只有 15 款来自中国，其余均为进口葡萄酒。进口葡萄酒品质更好，似乎成为了消费市场的共识。

从葡萄酒品牌来看，国产品牌与国际品牌在中国市场的影响力呈现出势均力敌的态势。根据酒智（Wine Intelligence）2019 年发布的葡萄酒品牌影响力指数报告，张裕、长城、拉菲、王朝、黄尾袋鼠、红魔鬼等位列前六名，其中张裕、长城和王朝属于国产品牌，市场集中化特征明显，市场美誉度和忠诚度较高，引领中国葡萄酒向高端化方向发展。另外三席分别为来自法国的葡萄酒品牌拉菲，来自澳大利亚的葡萄酒品牌"黄尾袋鼠"和来自智利的葡萄酒品牌"红魔鬼"，也在中国葡萄酒消费市场具有强大的吸引力。

3.4　中国有机葡萄酒消费市场发展现状分析

3.4.1　我国有机葡萄酒消费需求分析

随着社会经济的发展、人均收入的提高，以及消费者消费观念的转变，有机食品越来越得到重视。代表着高品质和健康生活的有机产业正体现出蓬勃发展的态势，产业发展的热度引得行业内的热烈关注，带动有机食品的快速增长。正是由于有机产业热度的不断提升，有机葡萄酒也逐渐成为葡萄酒行业新的成长点。有机葡萄酒的种植和生产，很好地保留了原有的风土特征，味道纯正。此外，有机葡萄酒在酿造的过程中，不添加任何化学肥料、杀虫剂和除草剂等，有效地保护了环境。加上中国消费者认为葡萄酒具有"养生""健康"的效果，作为一种绿色又健康的酒类（梁爱荣、王利军，2009），消费需求在不断增强，追求纯天然、有机食品的消费者，将目标锁定在有机葡萄酒这一葡萄酒中的小众产品，消费者对有机葡萄酒的兴趣日益浓厚，将大大推动有机葡萄酒的生产和消费。2011 ～ 2015 年，中国的健康食品和饮料市场销售额增长了

76%，2015 年达到 1.166 亿美元，其中有机类增长最快，2011～2015 年增长了 244%，其次是强化/功能性（81%）和天然健康（70%）（Acheson，2016）。这些趋势表明有机和强化葡萄酒的市场机会将越来越大。

目前，随着世界各国有机葡萄酒的发展，我国的葡萄酒市场也呈现上升的发展趋势（许晓岚、杨娇、生吉萍，2017）。国际葡萄与葡萄酒组织（OIV）报告资料显示，2014 年，我国葡萄酒的人均消费量为 1.17 升，2018 年，我国人均消费量增至 1.5 升，增长了 28.2%，可见我国葡萄酒消费仍然具有发展潜力，其中发展有机葡萄酒已经成为重要方向。我国主要的葡萄酒产区面临的困难重重，因为气候、土壤及降水等原因，即使引进国外品种，生产出的葡萄酒品质也差强人意，随着进口葡萄酒的不断涌入，我国国产葡萄酒的市场竞争压力剧增。在面临激烈的市场竞争时，为了减免"绿色壁垒"的影响，生产抗病强、保护环境的有机葡萄酒品种成为最好的方式，也为我国葡萄酒行业提供新的发展机遇。

除此之外，为了推动我国有机产品竞争力的提高，国家环保总局在先后提出《有机食品规范》《OFDC 有机认证标准》等法规（唐文龙，2011），关于有机葡萄酒产品生产标准的发布，为有机果品、食品生产创造了条件，也推动了葡萄酒产品品质和安全的提高。纵观我国有机葡萄酒市场的发展可知，市场主要存在成本高、产量小和规模小等问题。在全球范围内，欧美等国家是有机葡萄酒主要的消费市场，中国市场的影响力和辐射力还有限，在有机葡萄酒种植、销售收入、净利润方面表现不佳。2015 年，西班牙有机葡萄种植面积为 9.7 万公顷，到 2023 年，预计将达到 16 万公顷，而我国 2015 年有机葡萄面积为 1.4 万公顷，显示出我国有机葡萄酒产能远远低于世界水平。有机葡萄酒作为葡萄酒市场品类的补充，既丰富了消费者健康养生的消费需求，也为我国葡萄酒行业提出了新的挑战和机遇。

3.4.2 我国有机葡萄酒消费市场规模分析

虽然我国已经步入世界葡萄酒大国的行列，但 2018 年全国葡萄酒产量和进口量的数据，双双出现下降的趋势，细究个中原因，主要是因为社会各界对葡萄酒行业的期望过高，投入增长过快，而出现消费开发不足与市场供给结构之间的矛盾。自 2012 年以来，我国葡萄酒行业的消费格局发生改变，进入调整期，加上 2018 年底，商务团购市场出现萎缩，葡萄酒消费市场竞争日趋激烈，国产葡萄酒和进口葡萄酒之间的市场竞争、国内外品牌企业之间的市场较量等，出现明显的市场波动，难免此消彼长。面对如此激烈的市场竞争，提高葡萄酒行业的核心竞争力是重中之重（青珊，2013），而在当前的国际和国内竞争形势下，立足于减轻对自然环境的威胁，保护环境的可持续发展理念，我国可以致力于开发有机葡萄酒这一新兴市场，必将成为提高企业核心竞争力的重要途径，也将成为企业潜在的营利点（行业信息，2012）。有机葡萄酒立足于酿酒原料的有机性、种植方法的有机性、酿造工艺的无添加性等，坚持生态环保的可持续发展理念，同时满足消费者追求健康生活、绿色食品的需求（青珊，2013），充分挖掘我国有机葡萄酒未来的发展空间，努力提升中国发展有机葡萄酒的水平和能力。

据中商情报网《葡萄酒行业发展趋势分析》调查资料显示，有机葡萄酒更受消费者的青睐。此外，更有数据显示，我国有机葡萄酒拥有超过 99% 的上升空间。目前，欧美国家仍然是有机葡萄酒的主要生产国和消费国，欧盟国家有机葡萄酒的市场占有率约为 30%，美国有机葡萄酒的市场率高达 60%，澳大利亚约为 50%，而我国只有 0.5% 的市场占有率，其市场占有率远远低于欧美等国家。但是，因为中国葡萄酒消费量基数大，虽然有机葡萄酒所占的市场份额较小，但消费额仍然相当可观。据统计，中国有机葡萄酒的龙头企业威龙，在 2016 年销售额接近 8 亿元人民币，其中有机葡萄酒销售占比超过 50%，即威龙有机葡萄酒销售额约为 4 亿元人民币，2017 年威龙有机葡萄酒的销售收入实现了 9.6% 的增长，销售收入上升至 4.47 亿元，这个业绩遥遥领先于全球有机葡萄酒生产企业。

3.4.3　我国国产有机葡萄酒市场占有分析

在葡萄酒市场同质化竞争越来越激烈的现状下，有机葡萄酒的出现无疑成为世界各国葡萄酒行业的新风向。有机葡萄酒迎合消费主体消费理念的变革，在世界范围内得到消费者的青睐。IWSR 研究显示，全球有机葡萄酒的销量将会有较大幅度的增长，由 2017 年 6.76 亿瓶的销量增长至 10 亿瓶，增幅可达 47.9%，可见"有机化"在葡萄酒行业中同样拥有巨大的发展空间。结合中国葡萄酒市场的表现，我国有机葡萄酒市场尚未起步，有机葡萄酒市场中表现不够突出，在有机葡萄酒 SKU 品类、销量及销售额等方面市场占有比重都比较低。据《中国葡萄酒月报》显示，国产有机葡萄酒的市场占有率高达 55%，与整个葡萄酒市场分布情况相比，国产有机葡萄酒国民认可度更高，前景可观，由此可见，中国有机葡萄酒未来的发展潜力巨大。

近年来，国产葡萄酒饱受进口葡萄酒的冲击，在内外部市场竞争的压力下，都给中国葡萄酒的品质、品牌等提出更高的要求。有机葡萄酒同样面临市场竞争的压力，国产有机葡萄酒在全球葡萄酒行业中异军突起。国外有机葡萄酒进入国内市场举步维艰，主要原因有两个。其一，国外的消费者尤其是年轻人都特别热衷于消费有机葡萄酒，导致有机葡萄酒供不应求；其二，尽管有机葡萄酒在全世界都很受欢迎，但是囿于耕种方法及认证等要求，酒庄的有机葡萄酒的产能有限，从而也就限制了国外有机葡萄酒走进中国的市场，进口有机葡萄酒的销售量也受到了限制。在进口葡萄酒难以深入中国市场的情况下，国产有机葡萄酒企业抓住机遇，通过高品质、大品牌的国产有机葡萄酒占领国内消费市场。早在 2006 年，我国在巴黎的品酒沙龙上，向世界隆重推介来自中国的波龙堡有机葡萄酒，这也是中国首个打入法国市场有机葡萄酒品牌（王辉、赵晨霞，2007）。在有机葡萄酒领域，自 2005 年起，部分国产葡萄酒企业开始尝试生产有机葡萄酒，并有几十家企业获得相关部门的有机认证，涌现出威龙、汉森等一批有机葡萄酒品牌。正是这些品牌在有机葡萄酒种植、酿造工艺等方面精益求精、并不断向国际先进水平靠近，产品质量表现突出，因此得到消费者的高度认可。我国国产有机葡萄酒市场销售额十分可观，在有机葡萄酒销量排名的品牌中，张裕的希雅斯和威龙分别排名第一和第二名，综合销量高达 74.1%，紧接其后的是莫高、翡马以及乔格拉菲珂。在中国有机葡萄酒市场上，国产葡萄酒品牌表现非常突出，也展现出我国有机葡萄酒市场上国产品牌影响力的提升。

3.4.4　我国有机葡萄酒产品质量现状分析

有机概念的迅速普及，不仅是出于对人类和自然生态平衡发展的考虑，更是对消费者追求健康生活、安全食品的一种回应，这也就催生着葡萄酒酒庄及企业加入有机葡萄酒事业中。和其他有机产品一样，有机葡萄酒走向市场前需要遵循严格的有机认证标准。因此获得"有机""绿色"等认证，也逐渐成为国产有机葡萄酒保证质量、塑造品牌的重要途径。在葡萄酒消费市场中，有机葡萄酒所占的市场份额仍然比较小。据中国酒业协会统计，2012年，国内葡萄酒消费可以达到130多万吨，其中有机葡萄酒1万多吨，占比不到1%。在国内，葡萄酒企业要想获得有机产品的认证，需要满足三点，第一，建立酿酒葡萄种植基地；第二，严格遵守酿酒葡萄原料的有机种植规范；第三，原料的加工必须符合国家标准 GB/T19603 有机产品的相关要求。在严格的认证标准下，我国有机葡萄酒的质量还有待提高。

3.4.5　我国有机葡萄酒消费主体分析

中国葡萄酒市场正不断发生改变，我国葡萄酒消费者的消费观念也在不断调整。有机葡萄酒是新时代、新消费方式的产物，也成为葡萄酒行业中兴起的新品类、新卖点，迎合了青年消费主体的需求。根据酒智（Wine Intelligence）的中国葡萄酒调查报告显示。我国的葡萄酒年轻消费者及非专业的葡萄酒爱好者多爱购买主流或者入门级的葡萄酒。中国产业信息网发布的调查数据指出，中国葡萄酒的消费群体中年轻人的比重在不断扩大。由此可见，在中国的有机葡萄酒市场中，消费主体年轻化的趋势明显，中国有机葡萄酒企业在品牌塑造、特色塑造、产品塑造等方面必须主动迎合年轻消费群体的需求。通过加大有机葡萄酒知识、产区历史以及葡萄酒品牌教育，向消费者宣传国产有机葡萄酒的种植和生产过程，提高年轻消费群对有机葡萄酒的认知，逐步培养年轻消费群体对国产有机葡萄酒的好感度及忠诚度，增加我国有机葡萄酒的消费。

3.5 本章小结

本章首先对国际葡萄酒消费市场发展状况进行了分析。从葡萄酒生产和消费"旧世界"的形成，到"新世界"的崛起。"新世界"葡萄酒国家虽然起步较晚，但是显现出了巨大的市场潜力，通过对新兴技术的应用，不仅在葡萄种植技术上推陈出新，培养出品质高、产量优的葡萄品种，还丰富了葡萄酒生产技术和工艺的多元化，打破了"旧世界"葡萄酒国家既定的规则，创新了多种葡萄酒口味以满足消费者的需求，销量持续增长。

其次，剖析了国际有机葡萄酒消费市场发展状况。有机葡萄酒产业是有机农业大潮在葡萄酒这一领域的体现。生产有机葡萄酒可以推进土地及环境可持续利用，产品的质量能得到进一步的保证，推动葡萄酒企业获得更多的发展机会。对于葡萄酒的消费者而言，有机食品是一种生态健康的生活方式，有机葡萄酒备受青睐。因此，"有机"概念得到葡萄酒企业和消费者的普遍认可。近年来，有机葡萄酒的产量和消费量都存在显著的增长，世界范围内有机葡萄酒销售的年增长率已经明显超过非有机葡萄酒。但是，有机葡萄酒的消费市场主要集中在欧洲地区，在其他地区，有机葡萄酒仍然是小众葡萄酒品类。

再次，对中国葡萄酒消费市场发展状况进行了分析。中国葡萄酒酿造历史悠久，但葡萄酒现代工业化较晚。改革开放后，中国人均收入水平不断增长，作为世界第一人口大国，规模不断壮大的中产阶级群体使中国成为世界葡萄酒消费大国，2018 年，我国葡萄酒消费量已经达到 18 亿升，位列世界第五。同年，我国国产葡萄酒产量仅 6.29 亿升，约为当年我国葡萄酒消费总量的 1/3，也说明进口葡萄酒已成为中国葡萄酒市场的主体。

最后，解析了我国有机葡萄酒这一新兴消费市场。我国有机葡萄酒所占的市场份额远远低于欧盟及美国、澳大利亚等，但其中国产有机葡萄酒的市场占有率高达 55%，与整个葡萄酒市场分布情况相比，国产有机葡萄酒国民认可度更高，在中国有机葡萄酒市场上，国产葡萄酒品牌表现非常突出。在面临激烈的进口葡萄酒竞争的中国葡萄酒市场上，生产环境友好的有机葡萄酒，为我国葡萄酒行业发展提供了全新的视角和机遇，也阐明了本书后续实证研究的重要实践意义。

| 第 4 章 |

中国消费者有机葡萄酒购买意愿
影响因素：认知与情感框架

4.1 引　　言

　　已有研究充分证明，通过认知和情感视角来理解消费者态度和购买意愿是可行的（Ajzen，2001；Malhotra，2005）。基于理性行为理论，主体对客体相关属性的主观认知评估决定了该主体对客体的态度，并进而影响主体的行为意愿（Ajzen，2001），主体对客体的情感评价则强化了这一评估过程的稳健性（Brown and Stayman，1992；Petty et al.，1993）。

　　以往的葡萄酒消费者研究大多以认知为切入点，重点研究消费者对产品属性的认知和估值，如产品标签（Rahman and Reynolds，2017）、原产国、对供应商的信任（Drennan et al.，2015）、价格和感官属性（Rahman et al.，2014）。但是，葡萄酒消费作为提升顾客美食体验度的重要组成部分，长期以来一直被认为应归为享乐消费（Bonn et al.，2016）。对于这类消费，在评价过程中融入情感因素，有助于深入理解消费者对有机葡萄酒的评价，因为相较于其他因素，情感能够更快速地表征消费者对客体的反应，从而更有效地帮助预测消费者的评价（Malhotra，2005）。

　　因此，本章以探讨中国消费者的有机葡萄酒购买意愿为目标，结合情感评估和中国葡萄酒消费者群体的两大特殊关键价值认知（健康价值和象征价值），形成一个简化的"认知＋情感—态度—行为意愿"实证框架，构建结构方程模型，基于中国全国性的消费者调查数据，实证检验中国消费者有机葡萄酒态度和购买意愿的影响因素，并对实证结果进行讨论。

4.2　研究假设

4.2.1　认知评估：健康价值和象征价值

21 世纪初的 20 年间，西方国家对健康食品和饮品的需求激增（Jun et al.，2014；Lu and Gursoy，2017；Lu and Chi，2018；Rahman and Reynolds，2017）。对健康食品的偏好在消费者的饮食选择中已经具有重要影响力，并极大地改变了传统饮食习惯（Lu and Gursoy，2017；National Restaurant Association，2015）。健康动机是推动有机食品市场增长的主导力量，除此之外，消费有机食品还可能存在某些隐藏动机，如消费者的环保意识、社会责任和更高的感官诉求等（Organic Trade Association，2015）。2011～2015 年，在中国有机食品的零售额爆发性增长，增长幅度达 244%（Sector Trend Analysis，2016）。消费者可能出于环境保护、消费伦理、感官诉求和健康益处等原因消费有机产品（Rahman and Reynolds，2017；Jun et al.，2014）。然而，与购买意愿中健康和利己主义动机（如社会权利表征、物质财富表征）等因素相比，有机葡萄酒消费者的利他主义动机（如环境保护、消费伦理、支持本地农业）并不显著（Rahman and Reynolds，2017）。

西方消费者倾向于将酒类产品与放纵和享乐主义联系在一起，而不是获得健康营养的来源（Thach and Olsen，2004）。相反，长期以来，中国消费者一直认为适度饮用葡萄酒，尤其是红葡萄酒，有益身体健康（Pforr and Phau，2018）。这可以从中国传统医学的角度来解释，中医认为药食同源，食物（和饮品）不仅是精力和能量的来源，也是保护健康的药物。基于这一传统文化情境，许多中国消费者认为，由于葡萄酒中含有抗氧化剂，因此可以促进血液循环、降低胆固醇、防止衰老，这种观念也是中国消费者饮用葡萄酒的主要原因（Somogyi et al.，2011）。其他针对亚洲消费者的研究也表明，葡萄酒购买在很大程度上与健康动机相关（Chang et al.，2016；Somogyi et al.，2011）。而有机葡萄酒的有机属性可以进一步增强饮用葡萄酒的健康价值。根据以上推理，假设如下：

假设1：对中国消费者而言，饮用有机葡萄酒的健康价值对态度产生积极影响。

假设2：对中国消费者而言，饮用有机葡萄酒的健康价值对购买意愿产生积极影响。

葡萄酒通常被认为是象征性产品，消费者可以通过它寻求自我表达（Podolny，2010）。已有文献将象征意义和社会意义（如留下良好的印象并获得"面子"）与中国消费者的葡萄酒消费相联系（Somogyi et al.，2011；Wang，2017；Camillo，2012）。在集体主义文化中，"面子"是表征良好社会形象和重要地位的关键概念（Masson et al.，2017）。基于社会群体（面子）视角，中国消费者认为某些产品的象征价值凌驾于使用感受之上，会为了产品的象征价值（如理想的社会形象、尊严和荣誉）而购买高格调或具有显著象征意义的产品（Zhou and Belk，2004；Li and Su，2007年）。葡萄酒往往被与智慧、成功和富裕的积极形象相联系，在社交活动中，葡萄酒消费往往体现了饮用者的社会地位、生活方式和个性（Pettigrew and Charters，2010）。研究表明，中国千禧一代喜欢用洋酒表现自身的优雅、个性和社会阶层（Somogyi et al.，2011）；高档酒饮象征着档次和品位，也被认为是礼物市场的主要选择（Hu et al.，2008）。中国消费者倾向于将产品的象征性融入自我形象，从而带来个人满足感和兴奋感（Zhan and He，2012；Wiedmann et al.，2009）。王（Wang，2017）通过比较中美两国葡萄酒消费者的价值定位，揭示了两国消费者之间的显著差异：美国消费者非常重视葡萄酒知识，通过相关知识体验葡萄酒之间内在的细微差别（如葡萄品种）；国外产地标志着葡萄酒的象征价值和社会价值，从而影响中国消费者对于有机葡萄酒的购买意愿。鉴于中国的"面子"文化，有机葡萄酒的象征价值对于理解中国消费者的购买意愿至关重要。因此，提出如下假设：

假设 3：对中国消费者而言，有机葡萄酒的象征价值对其态度产生积极影响。

假设 4：对中国消费者而言，有机葡萄酒的象征价值对其购买意愿产生积极影响。

4.2.2　情感评价

在本书中，情感评价是影响消费者态度的重要前提。大量研究证实，在消费者对产品或服务体验的评价中，情感评价具有核心作用（Han et al.，2019；Lee and Yun，2015）。学者们试图从不同视角解释这种影响。根据"情感即信息"这一内涵界定，情感评价是消费者判断力的重要信息来源（Greifeneder et al.，2011），是非常有价值的信息源，能快速地、启发性地、自动地做出反应，有助于快速决策和积极态度的形成（Yang and Hanks，2016）。同时，情感也是个体体验，是一种经验信息，彭（Pham，2004）认为，虽然情感直接影响消费者的判断，但消费者在决策时对情感的依赖不仅仅是单纯的启发式和自动的，也可能是通过逻辑推断形成的。对大多数中国消费者来说，有机葡萄酒仍然是新颖事物，因此，情感评价是重要的决策驱动因素，因为消费者倾向于依靠情感评价陌生对象（Greifeneder et al.，2011）。

积极的情感评价对购买葡萄酒等享乐性产品有显著影响（Bonn et al.，2016；Han et al.，2019；Petty et al.，1993）。在享乐性产品购买领域，"刺激—机体—反应"框架（Mehrabian and Russell，1974）表明，购买意愿是对事件、情境或产品（刺激）产生的情绪（机体）的直接结果（反应）（Han et al.，2019）。当前背景下，有机葡萄酒异国情调和奢华体验的特征，以及高品质和神秘感等内在属性，激发了消费者的购买热情（Zhan and He，2012；Wiedmann et al.，2009）；同时，有机标签进一步提升了有机葡萄酒的优越形象。因此，对产品的感知价值会形成积极的情感评价（Grisaffe and Nguyen，2011）。根据"情感即信息"假设，积极的情感评价进一步帮助消费者形成购买意愿

（Lerner and Keltner，2000；Lerner et al.，2015），因此，提出如下假设：

假设5：就中国消费者而言，对有机葡萄酒的积极情感评价对其态度有积极影响。

假设6：就中国消费者而言，对有机葡萄酒的积极情感评价对其购买意愿有积极影响。

假设7：就中国消费者而言，对有机葡萄酒的态度对购买意愿有积极影响。

4.2.3 研究模型

对上述假设进行总结，得出如图4-1所示的研究模型。认知前因和情感前因对中国消费者购买进口有机葡萄酒的态度和行为意向具有正向影响，积极态度是中国消费者购买意愿的重要前提。

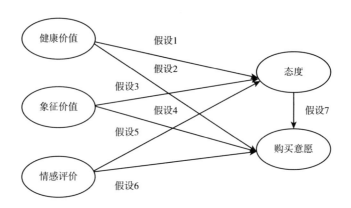

图4-1 研究模型

4.3 研究方法

4.3.1 量表确定

由于在全国范围内进行纸质问卷调查难度较高，而在线受访者具有较高

的平均教育水平和相对全面的价值观（Dolnicar et al.，2009），因此，本书
采取基于网络的问卷调查方式。问卷测量题项在综合现有文献的基础上进行
了适度的自主开发，以适应中国消费者特点。在本书中，有机葡萄酒被定义
为不使用人工化肥、杀虫剂和除草剂，而是通过使用有机种植方法种植的葡
萄所生产的，并采用不含防腐剂（如亚硫酸盐）的酿酒程序。受访者在填写
问卷之前被要求先阅读有机葡萄酒的定义，以确保准确、完整地理解产品内
涵。有机葡萄酒的健康价值源于有机食品文献中的四个题项（Fotopoulos and
Krystallis，2002；Lee and Yun，2015）；有机葡萄酒的象征价值通过为中国
葡萄酒消费者定制的九个项目进行测量（Liu and Murphy，2007；Wiedmann
et al.，2009）。情感评价采取拉塞尔（Russell，1980）的四个正效价（如愉
快和令人兴奋）题项进行衡量；根据贝涅特和朗德尔（Bennett and Rundle，
2002）的研究，对有机葡萄酒的态度采用语义差异量表（包括五个项目）进
行整体评估；购买意愿使用四个题项进行衡量（Han et al.，2010）。所有题
项使用里克特 7 级量表进行测量（见表 4 - 1）。

表 4 - 1　　　　　　　　　测量题项中英文对照

潜变量	显变量（英文）	显变量（中文）
健康价值	Organic wines are healthy to my body because of the production method used	由于其制造过程是有机的，有机葡萄酒对我的身体而言是健康的
	Consumption of organic wines is likely to bring health benefits	饮用有机葡萄酒很可能会带来一些健康方面的益处
	Organic wines have a lot of nutrients due to the production method used	由于其制造过程是有机的，有机葡萄酒含有大量的营养成分
	Organic wines have little health concern associated with pesticides and preservatives	有机葡萄酒几乎没有农药和防腐剂方面的问题
象征价值	Organic wines are associated with the concept of modern consumption	有机葡萄酒体现了现代消费观念
	Organic wines are different and unique	有机葡萄酒很独特、与众不同
	Organic wines will be popular	有机葡萄酒将会流行起来
	Organic wines are associated with a certain personality	饮用有机葡萄酒体现了某种特定的个性

续表

潜变量	显变量（英文）	显变量（中文）
象征价值	Organic wines are novel	有机葡萄酒是一种新颖的产品
	People drink organic wines are likely to be at the upper level of social economic class	饮用有机葡萄酒的人很可能在社会经济阶层中处于中上层
	Consumption of organic wines reflects individuals' lifestyle	饮用有机葡萄酒体现了个人的生活理念
	Consumption of organic wines is associated with prestige	饮用有机葡萄酒很有面子
	Consumption of organic wines is associated with status	饮用有机葡萄酒是身份的象征
情感评价	Organic wines are arousing	我觉得有机葡萄酒令人振奋
	Organic wines are pleasant	我觉得有机葡萄酒令人愉悦
	Organic wines are exciting	我觉得有机葡萄酒令人兴奋
	Organic wines are relaxing	我觉得有机葡萄酒令人放松
态度	My overall perception of organic wines is good.	我对有机葡萄酒的总体评价是好的
	My overall perception of organic wines is pleasant.	我对有机葡萄酒的总体评价是令人愉悦的
	My overall perception of organic wines is favorable.	我对有机葡萄酒的总体评价是喜欢的
	My overall perception of organic wines is positive.	我对有机葡萄酒的总体评价是正面的
	My overall perception of organic wines is desirable.	我对有机葡萄酒的总体评价是渴望饮用的
购买意愿	I intend to purchase organic wines	我有购买有机葡萄酒的意愿
	I plan to purchase organic wines	我计划购买有机葡萄酒
	I am willing to recommend others to purchase organic wines	我愿意推荐他人购买有机葡萄酒
	I am willing to pay a premium price to purchase organic wines	我愿意为有机葡萄酒支付高于一般葡萄酒的价格

在将潜变量的外显变量由英文翻译成中文的过程中，可以采用协作型反向翻译程序，以确保翻译的准确性（Douglas and Craig，2007）。首先，两位双语研究者分别独立将英文指标题项翻译成中文（平行翻译），然后由精通

中英两种语言和研究课题的第三位研究者主持讨论，三位研究者一起讨论翻译差异，直到达成最终决定。其次，邀请 7 位在葡萄酒研究和中国消费者的餐饮购买行为方面具有丰富经验的双语学者对该翻译文本进行了测试，检验翻译文本的准确度和清晰度。最后，根据专家建议对研究量表进行进一步修订，以提高翻译和交流的有效性。

4.3.2　数据收集

本书数据收集工作在 2016～2018 年两年时间里分三个阶段完成，通过多种采样技术实现数据收集，直到有效样本覆盖中国除台湾省之外的 33 个省级行政单位。

第一阶段采用虚拟滚雪球抽样技术，该方法可以快速识别并访问合格参与者（如符合中国法定饮酒年龄、偶尔饮用葡萄酒）。研究团队通过社交媒体平台发出邀请，符合条件的参与者会获得小额现金奖励。接受初始邀请后，受访者被指导将调查网址分享给他们所知道的其他合格参与者。第一阶段共收集 1056 份样本，其中有效样本 831 份。

第二阶段采用目标抽样技术，在来自中国知名精品葡萄酒产区——宁夏的葡萄酒行业从业者、葡萄酒教育者和葡萄酒旅游从业人员的协助下，通过内部联系人列表访问客户数据库，从而锁定精确的葡萄酒消费群体。第二阶段成功收集 415 份样本，其中有效样本 403 份。

第三阶段使用整群抽样技术，排除第一阶段和第二阶段确定的消费群体，以地理位置代表性不足地区的葡萄酒消费者为目标，共收集 590 个样本，其中有效样本 511 个。一共回收样本 2061 份，有效样本 1745 份，总有效率 84.67%。

本书之所以采用上述多重采样技术，是基于以下多方面的原因。首先，结合目的抽样和概率抽样等多种抽样技术，确保样本信息的广度和深度（Patton，2002；Teddlie 和 Yu，2007；Teoh et al.，2019）。其次，研究表明，抽样策略应从根本上服务于研究问题。在本项研究中，要确保样本代表中国葡萄酒消费者，因此，滚雪球抽样和目标抽样有助于从众多来源中识别葡萄酒消费者，而整群抽样则是对地区性样本缺失的补充。最后，样本策略的选择应遵循可行性和效率的一般原则（Kemper et al.，2003）。鉴于中国地域的广阔性，多种采样技术的结合不仅使问卷数据具有充足代表性，而且对于数据收集具有较高的可行性和效率。

4.3.3　数据分析

本书运用 SPSS22.0 和 Amos25.0 进行结构方程模型（SEM）分析。首先，从总体样本中随机选择 30% 进行探索性因子分析（EFA），剔除可能存在的不合格题项。再对涵盖 33 个省级行政单位的合格样本执行结构方程分析：进行验证性因子分析（CFA）以验证潜变量测量模型，然后再对路径进行检验以验证结构模型。

4.4　样本的描述性统计

通过筛选，剔除不合格、缺失值较大以及问卷完成时间小于 2 分钟的数据信息，最终确认 1745 个有效样本。

4.4.1　样本的地理来源统计特征

通过分析收集到的 IP 地址，对有效样本的地理来源进行分类统计。结果显示，有效样本涵盖中国除台湾省外的所有地理区域——33 个省级行政区划，其中包括 22 个省，4 个省级市（北京，上海，天津、重庆），5 个自治区（内蒙古自治区、新疆维吾尔自治区、广西壮族自治区、宁夏回族自治区、西藏自治区）和 2 个特别行政区（香港特别行政区、澳门特别行政区）。有效样本的具体地理来源统计情况如表 4－2 所示。其中宁夏回族自治区作为中国精品葡萄酒产区的代表，是第二阶段目标抽样的主要行政区域，故有效样本数较多，最终录得 253 份有效样本，占总样本量的 14.48% 。

表 4 - 2　　　　　　　有效样本的地理来源统计特征

序号	省份	频数	百分比（%）
1	安徽	24	1.38
2	北京	74	4.25
3	福建	91	5.21
4	甘肃	80	4.61
5	广东	171	9.81
6	广西	28	1.62
7	贵州	29	1.68
8	国外	32	1.86
9	海南	56	3.23
10	河北	70	4.01
11	河南	39	2.21
12	黑龙江	25	1.44
13	湖北	108	6.16
14	湖南	47	2.69
15	吉林	42	2.39
16	江苏	29	1.68
17	江西	24	1.38
18	辽宁	21	1.20
19	内蒙古	75	4.31
20	宁夏	253	14.48
21	青海	8	0.48
22	山东	52	2.99
23	山西	31	1.80
24	陕西	46	2.63

序号	省份	频数	百分比（%）
25	上海	33	1.92
26	四川	71	4.07
27	天津	38	2.15
28	西藏	11	0.66
29	香港	3	0.18
30	新疆	34	1.97
31	云南	28	1.62
32	浙江	46	2.63
33	重庆	23	1.32
合计		1745	100

注：按省级行政区的拼音顺序排序。

4.4.2 样本的人口统计学特征

样本的人口统计学特征如表 4 – 3 所示。

表 4 – 3　　　　　　　　样本性别分布

性别	频数	百分比（%）
男	733	42
女	1012	58
总计	1745	100

（1）性别。女性受访者 1012 人，约占总有效样本数的 58%，男性受访者 733 人，约占总有效样本数的 42%。

（2）年龄。年龄在 35 ~ 54 岁的受访者人数最多，达 707 人，占总有效样本数的 40.5%。18 ~ 25 岁和 26 ~ 34 岁的受访者比重也较大，分别有 593 人和 393 人，占总有效样本数的 34% 和 22.5%。55 ~ 64 岁及 65 岁及以上的受访者较少，分别为 42 人和 10 人，仅占总有效样本数的 2.4% 和 0.6%（见表 4 – 4）。

表 4 – 4   样本年龄分布

年龄	频数	百分比（%）
18 ~ 25 岁	593	34
26 ~ 34 岁	393	22.5
35 ~ 54 岁	707	40.5
55 ~ 64 岁	42	2.4
65 岁及以上	10	0.6
总计	1745	100

（3）婚姻状况。受访者中已婚者数量最多，为 658 人，占总有效样本量的 37.7%。其次为单身和离异受访者，为 617 人和 314 人，分别占总有效样本量的 35.4% 和 18%。未婚同居和丧偶受访者数量较少，分别为 112 人和 44 人，占总有效样本量的 6.4% 和 2.5%（见表 4 – 5）。

表 4 – 5   样本婚姻状况

婚姻状况	频数	百分比（%）
单身	617	35.4
已婚	658	37.7
未婚同居	112	6.4
离异	314	18
丧偶	44	2.5
总计	1745	100

（4）受教育程度。87.4% 的受访者受过大学专科及以上教育。其中最高学历为大学本科者最多，为 701 人，占总有效样本量的 40.2%，其次依次为硕士研究生学历、大学专科学历和博士研究生学历，分别有 328 人、297 人和 199 人，占总有效样本量的 18.8%、17% 和 11.4%。高中及以下学历的受

访者220人，占总有效样本量的12.6%（见表4－6）。

表4－6 样本受教育程度

最高学历	频数	百分比（%）
高中及以下	220	12.6
大学专科	297	17
大学本科	701	40.2
硕士研究生	328	18.8
博士研究生	199	11.4
总计	1745	100

（5）职业。受访者职业分布较复杂，除22.7%为全日制学生外，其余65.9%受访者共计1150人，广泛分布于教师、行政/后勤人员、销售人员、管理者等13大常见职业类别。另外有11.4%的受访者的职业选择为其他（见表4－7）。

表4－7 样本职业

职业	频数	百分比（%）
工人	73	4.2
销售员	127	7.3
市场/公关人员	59	3.4
客服人员	23	1.3
行政/后勤人员	155	8.9
人力资源从业者	52	3.0
财务/审计人员	58	3.3
文职/办事人员	37	2.1
技术研发人员	45	2.6
管理者	110	6.3
教师	333	19.1
顾问/咨询人员	12	0.7
专业人士（如会计师、律师、建筑师、医护人员、记者等）	65	3.7

职业	频数	百分比（%）
全日制学生	396	22.7
其他	199	11.4
总计	1745	100

（6）家庭收入。551 位受访者的家庭年收入集中在 5 万～10 万元（不含 10 万元）区间内，占总有效样本量的 31.6%，5 万～10 万元也成为本次调研群体中家庭年收入最集中的区段。家庭年收入 10 万～20 万元（不含 20 万元）区间内的受访者有 482 位，占总有效样本量的 27.6%。有 398 位受访者的家庭年收入低于 5 万元，占总有效样本量的 22.8%。家庭年收入 20 万～50 万元（不含 50 万元）区间内的受访者也有 230 位，占总有效样本量的 13.2%。家庭年收入 50 万元及以上的受访者较少，仅为 84 人，占总有效样本量的 4.8%（见表 4 － 8）。

表 4 － 8 　　　　　　　　　　样本家庭年收入

家庭年收入	频数	百分比（%）
低于 5 万元	398	22.8
5 万～10 万元（不含）	551	31.6
10 万～20 万元（不含）	482	27.6
20 万～50 万元（不含）	230	13.2
50 万～100 万元（不含）	47	2.7
100 万元及以上	37	2.1
总计	1745	100

4.4.3　样本的葡萄酒消费特征

（1）葡萄酒饮用史。33.5% 的受访者表示，从自己最初饮用葡萄酒开始至今有 1～5 年的时间，这也是本次调研中葡萄酒饮用史最集中的区段，共录得585份有效问卷。382位受访者从最初饮用葡萄酒开始至今已有6~10年的时间，占总有效样本量的21.9%。1~10年葡萄酒饮用史的受访者总数为967位，占总有效样本量的55.4%。葡萄酒饮用史低于1年的受访者为293位，占总有效样本量的16.8%，还有105位受访者表示自己从来没有喝过葡萄酒，占总有效样本量的6%。10年以上的资深葡萄酒消费者占总有效样本量的21.7%，其中葡萄酒饮用史11~15年的占10.1%，16~20年的占4.2%，还有7.4%的受访者有20年以上的葡萄酒饮用史（见表4-9）。

表4-9 样本葡萄酒饮用史

葡萄酒饮用史	频数	百分比（%）
从没喝过	105	6
少于1年	293	16.8
1~5年	585	33.5
6~10年	382	21.9
11~15年	176	10.1
16~20年	73	4.2
20年以上	129	7.4
总计	1745	100

（2）葡萄酒购买渠道。超市或食品商店是本次调研人群最主要的葡萄酒购买渠道，有698位受访者表示他们的葡萄酒主要购自超市或食品商品，占总有效样本量的40%。主要从酒厂或实体葡萄酒商店购买葡萄酒的受访者也不在少数，有564人，约占总有效样本量的1/3。还有10.5%的受访者表示主要从网络购买葡萄酒，这部分受访者有183位。另外，还有大量的受访者表示自己从不买酒（10.7%）或不知道自己的葡萄酒是从哪里购买的（6.5%），考虑到在中国的情境下，葡萄酒常常被作为礼物馈赠他人，而且礼物的馈赠者并不会随礼物附上购物单据（这种做法在中国传统观念里被认为是失礼的行为），因此这些受访者不了解自己葡萄酒的购买渠道是否符合实际（见表4-10）。

表 4 - 10　　　　　　　　　　　　样本葡萄酒购买渠道

购买渠道	频数	百分比（%）
网络	183	10.5
酒厂/实体葡萄酒商店	564	32.3
超市/食品商店	698	40
我从不买酒	187	10.7
我不知道我的葡萄酒是从哪儿买的	113	6.5
总计	1745	100

4.5　模型检验：探索性因子分析

本模型研究的主要变量有五个，分别是健康价值、象征价值、情感评价、态度和购买意愿。通过文献可知，这五个变量已有相对成熟的量表，但因不同研究者的研究角度和研究情境的不同，其所选取的量表也不同。本模型在变量测量上以已有成熟量表为基础，针对中国情境进行了少量的自主研发。因此，下面将对量表进行小样本探索性因子分析，选取 30% （$n = 523$）样本进行探索性因子分析，采用直接 Oblimin 斜交旋转因子分析法（Hair et al.，2010），对样本进行共同性检验和因子载荷量分析，以特征值大于 1.0 为准则确定因子个数。

4.5.1　显变量总相关分析

4.5.1.1　健康价值各显变量与总体的相关关系

本书使用的健康价值量表包含 4 个题项，为方便统计，分别以 *HealthV*1、*HealthV*2、*HealthV*3、*HealthV*4 表示。下面将对各显变量得分与健康价值总分之间做相关分析，检查每个显变量与总体分数的同质性程度。相关系数越高则同质性程度越高，越能准确测量受访者评价有机葡萄酒健康价值的整体水平。相关系数低于0.4的显变量为不合格，将从问卷中剔除。结果如表4－11所示，健康价值各显变量与总体的相关系数都在0.8以上，说明这些题项均能很好地测量健康价值的整体水平。

表4－11　　　　　　　　　健康价值各显变量与总体的相关关系

显变量	$HealthV1$	$HealthV2$	$HealthV3$	$HealthV4$
相关系数	0.928	0.921	0.918	0.888

4.5.1.2　象征价值各显变量与总体的相关关系

本书使用的象征价值量表包含9个题项，为方便统计，分别以$SymV1$～$SymV9$表示。对各显变量得分与象征价值总分之间做相关分析，结果如表4－12所示，象征价值各显变量与总体的相关系数都在0.7以上，说明这些题项均能很好地测量象征价值的整体水平。

表4－12　　　　　　　　　象征价值各显变量与总体的相关关系

显变量	$SymV1$	$SymV2$	$SymV3$	$SymV4$	$SymV5$
相关系数	0.799	0.819	0.841	0.854	0.825
显变量	$SymV6$	$SymV7$	$SymV8$	$SymV9$	——
相关系数	0.799	0.830	0.775	0.770	——

4.5.1.3　情感评价各显变量与总体的相关关系

本书使用的情感评价量表包含4个题项，为方便统计，分别以$Emowine1$～$Emowine4$表示。对各显变量得分与情感评价总分之间做相关分析，结果如表4－13所示，情感评价各显变量与总体的相关系数都在0.8以上，说明这些题项均能很好地测量情感评价的整体水平。

表4－13　　　　　　　　　情感评价各显变量与总体的相关关系

显变量	$Emowine1$	$Emowine2$	$Emowine3$	$Emowine4$
相关系数	0.828	0.872	0.854	0.844

4.5.1.4　态度各显变量与总体的相关关系

本书使用的态度量表包含 5 个题项，为方便统计，分别以 $Atti1 \sim Atti5$ 表示。对各显变量得分与态度总分之间做相关分析，结果如表 4 – 14 所示，态度各显变量与总体的相关系数都在 0.8 以上，说明这些题项均能很好地测量态度的整体水平。

表 4 – 14　　　　　　　　　态度各显变量与总体的相关关系

显变量	$Atti1$	$Atti2$	$Atti3$	$Atti4$	$Atti5$
相关系数	0.802	0.862	0.888	0.857	0.799

4.5.1.5　购买意愿各显变量与总体的相关关系

本书使用的购买意愿量表包含 4 个题项，为方便统计，分别以 $Purchase1 \sim Purchase4$ 表示。对各显变量得分与购买意愿总分之间做相关分析，结果如表 4 – 15 所示，购买意愿各显变量与总体的相关系数都在 0.8 以上，说明这些题项均能很好地测量购买意愿的整体水平。

表 4 – 15　　　　　　　　　购买意愿各显变量与总体的相关关系

显变量	$Purchase1$	$Purchase2$	$Purchase3$	$Purchase4$
相关系数	0.907	0.910	0.906	0.856

4.5.2　问卷信度分析

表 4 – 16 使用克朗巴赫的 α 系数指标分别对潜变量的显变量进行信度分析。健康价值、象征价值、情感评价、态度和购买意愿这 5 个潜变量分别由 4 个、9 个、4 个、5 个、4 个显变量进行测量，总信度系数 α 值分别为 0.934、0.935、0.871、0.897、0.917，均高于 0.8，$CITC$ 值均高于 0.5，校正项已删除的 α 系数均低于总 α 系数。综上说明，这些潜变量的显变量测量信度很高。

表 4 – 16　　　　　　　　　各潜变量的显变量信度分析

潜变量	显变量	校正项总计相关性（CITC）	校正项已删除的 α 系数	Cronbach α 系数
健康价值	HealthV1	0.867	0.906	0.934
	HealthV2	0.855	0.910	
	HealthV3	0.851	0.911	
	HealthV4	0.805	0.927	
象征价值	SymV1	0.742	0.928	0.935
	SymV2	0.766	0.926	
	SymV3	0.795	0.925	
	SymV4	0.810	0.924	
	SymV5	0.774	0.926	
	SymV6	0.742	0.928	
	SymV7	0.782	0.925	
	SymV8	0.704	0.930	
	SymV9	0.695	0.931	
情感评价	Emowine1	0.689	0.849	0.871
	Emowine2	0.768	0.818	
	Emowine3	0.737	0.830	
	Emowine4	0.707	0.843	
态度	Atti1	0.691	0.886	0.897
	Atti2	0.771	0.868	
	Atti3	0.810	0.860	
	Atti4	0.767	0.869	
	Atti5	0.689	0.887	
购买意愿	Purchase1	0.829	0.886	0.917
	Purchase2	0.832	0.884	
	Purchase3	0.827	0.886	
	Purchase4	0.752	0.912	

4.5.3　KMO 检验和巴特勒球形检验

如表 4 – 17 所示，健康价值、象征价值、情感评价、态度和购买意愿的

KMO 值分别为 0.854、0.904、0.824、0.872 和 0.844，均高于 0.8；巴特勒球形检验卡方值分别为 1752.08、3891.488、1003.567、1503.678 和 1490.808，并通过显著性检验。这两组数据都说明本问卷各潜变量的题项都适合做因子分析。

表 4 - 17　　　　　　　　　　　KMO 检验与巴特勒球形检验

项目	KMO 检验	Barlett 球形检验		
		大约卡方	*df*	显著性
健康价值	0.854	1752.08	6	0.000
象征价值	0.904	3891.488	36	0.000
情感评价	0.824	1003.567	6	0.000
态度	0.872	1503.678	10	0.000
购买意愿	0.844	1490.808	6	0.000

4.5.4　共同性萃取值与因子载荷量分析

共同性萃取值表示显变量能解释共同特征或属性的变异量，共同性萃取值越高，则使用显变量能测量到潜变量的程度越高。因子载荷量则表示显变量与潜变量关系的程度，因子载荷量越高，则显变量与潜变量关系越紧密，同质性越高。一般来说，若某一显变量的共同性萃取值低于 0.2，同时因子载荷量低于 0.4，说明该显变量与公因子之间的关系不紧密，应考虑删除（吴明隆，2010）。下面将使用直接 Oblimin 斜交旋转因子分析法，分别对各潜变量的显变量共同性萃取值和因子载荷量进行分析。

4.5.4.1　健康价值

健康价值这一潜变量的所有显变量的共同性萃取值均大于 0.2，因子载荷量均大于 0.4，符合检验标准（见表 4 - 18）。

表 4 - 18   健康价值共同性萃取值和因子载荷量分析

变量	共同性萃取值	因子载荷量
*HealthV*1	0.862	0.928
*HealthV*2	0.848	0.921
*HealthV*3	0.842	0.918
*HealthV*4	0.789	0.888

4.5.4.2 象征价值

象征价值这一潜变量的各显变量的共同性萃取值均大于0.2，但因子分析形成了2个公因子（特征值均大于1），且9个显变量均在两个公因子上存在大于0.4的载荷量。这一结果显然与这9个显变量的理论设定不符，需要进行指标调整，删除某些指标后重新进行因子分析（见表4-19）。

表 4 - 19   象征价值初次共同性萃取值和因子载荷量分析

变量	共同性萃取值	因子载荷量	
		公因子 1	公因子 2
*SymV*1	0.692	0.831	0.540
*SymV*2	0.746	0.864	0.531
*SymV*3	0.853	0.919	0.496
*SymV*4	0.809	0.899	0.561
*SymV*5	0.746	0.864	0.549
*SymV*6	0.686	0.694	0.784
*SymV*7	0.699	0.777	0.722
*SymV*8	0.877	0.558	0.936
*SymV*9	0.88	0.549	0.937

本书设定显变量删除原则如下：第一，每次只删除一个显变量，就进行新的因子分析。逐一删除并进行因子分析，直至出现最佳因子结构为止。第二，根据第一次因子分析的结果，将从删除同时在两个公因子中载荷量超过0.4，且在公因子1中载荷量最小的显变量开始。根据这条原则，首先删除 *SymV*9，然后进行第二次因子分析，得到结果如表4-20所示。可以看到，

剩下的 8 个象征价值显变量在二次因子分析中的共同性萃取值均高于 0.2，通过主成分分析，8 个显变量只提取出一个公因子，且每个显变量的因子载荷量均高于 0.4，符合检验标准。

表 4 - 20　　　　　**象征价值二次共同性萃取值和因子载荷量分析**

变量	共同性萃取值	因子载荷量
$SymV1$	0.674	0.821
$SymV2$	0.706	0.840
$SymV3$	0.770	0.877
$SymV4$	0.767	0.876
$SymV5$	0.718	0.847
$SymV6$	0.619	0.787
$SymV7$	0.695	0.834
$SymV8$	0.495	0.703

4.5.4.3　情感评价

情感评价这一潜变量包含 4 个显变量，使用主成分分析法，根据特征值大于 1 的标准，共提取出一个公因子。4 个显变量的共同性萃取值均大于 0.2，因子载荷均大于 0.4，符合检验标准（见表 4 - 21）。

表 4 - 21　　　　　**情感价值共同性萃取值和因子载荷量分析**

变量	共同性萃取值	因子载荷量
$Emowine1$	0.682	0.826
$Emowine2$	0.771	0.878
$Emowine3$	0.735	0.857
$Emowine4$	0.702	0.838

4.5.4.4　态度

态度这一潜变量包含 5 个显变量，使用主成分分析法，根据特征值大于 1 的标准，共提取出一个公因子。5 个显变量的共同性萃取值均大于 0.2，因子载荷均大于 0.4，符合检验标准（见表 4 – 22）。

表 4 – 22   **态度共同性萃取值和因子载荷量分析**

变量	共同性萃取值	因子载荷量
*Atti*1	0.643	0.802
*Atti*2	0.743	0.862
*Atti*3	0.788	0.888
*Atti*4	0.734	0.857
*Atti*5	0.638	0.799

4.5.4.5　购买意愿

购买意愿这一潜变量包含 4 个显变量，使用主成分分析法，根据特征值大于 1 的标准，共提取出一个公因子。4 个显变量的共同性萃取值均大于 0.2，因子载荷均大于 0.4，符合检验标准（见表 4 –23）。

表 4 –23   **购买意愿共同性萃取值和因子载荷量分析**

变量	共同性萃取值	因子载荷量
*Purchase*1	0.824	0.907
*Purchase*2	0.828	0.910
*Purchase*3	0.821	0.906
*Purchase*4	0.734	0.856

4.5.5　探索性因子分析结果

通过探索性因子分析，形成包含 26 项显变量的测量模型，其中健康价值潜变量由 4 个显变量测量（克朗巴哈系数 =0.934），象征价值由 8 个显变量测量（克朗巴哈系数 =0.933），情感评价由 4 个显变量测量（克朗巴哈系数 =0.871），态度由 5 个显变量测量（克朗巴哈系数 =0.897），购买意愿由 4 个观测变量测量（克朗巴哈系数 =0.917）。

4.6　模型检验：验证性因子分析

4.6.1　初始模型验证性因子分析

为评价模型的测量特性，使用 Amos25.0 对进行探索性因子分析后剩余的 70% 样本（1221 份）进行验证性因子分析（confirmatory factor analysis，CFA）。

由第一次验证性因子分析得到的因子载荷系数表可知，$SymV8$ 这一显变量的标准载荷系数为 0.665，低于 0.7，显示该显变量与潜变量 $Factor\ 2$ 的相关性较弱。其他各显变量的标准载荷系数均高于 0.7，且呈现出显著性，表明这些显变量与其对应的潜变量之间具有较强的相关性（见表 4 - 24）。

表 4 - 24　　　　　　　　　第一次验证性因子分析因子载荷系数

潜变量	显变量	非标准载荷系数（Coef.）	标准误（Std. Error）	z	p	标准载荷系数（Std. Estimate）
Factor 1	HealthV1	1.000	—	—	—	0.894
	HealthV2	0.965	0.017	56.673	0.000	0.902
	HealthV3	0.981	0.018	53.537	0.000	0.879
	HeathV4	0.936	0.020	45.970	0.000	0.816
Factor 2	SymV1	1.000	—	—	—	0.791
	SymV2	1.019	0.026	38.602	0.000	0.819
	SymV3	1.073	0.026	40.802	0.000	0.853
	SymV4	1.088	0.028	39.572	0.000	0.834
	SymV5	1.054	0.027	39.141	0.000	0.827
	SymV6	0.952	0.027	34.857	0.000	0.757
	SymV7	0.972	0.026	37.094	0.000	0.794
	SymV8	0.918	0.031	29.681	0.000	0.665

潜变量	显变量	非标准载荷系数（Coef.）	标准误（Std. Error）	z	p	标准载荷系数（Std. Estimate）
Factor 3	Emowine1	1.000	—	—	—	0.774
	Emowine2	1.115	0.030	36.822	0.000	0.864
	Emowine3	1.021	0.029	34.634	0.000	0.810
	Emowine4	1.043	0.032	32.868	0.000	0.773
Factor 4	AttiOrganicwine1	1.000	—	—	—	0.772
	AttiOrganicwine2	1.064	0.030	35.723	0.000	0.815
	AttiOrganicwine3	1.118	0.029	38.061	0.000	0.862
	AttiOrganicwine4	1.050	0.029	35.972	0.000	0.820
	AttiOrganicwine5	0.968	0.030	31.764	0.000	0.737
Factor 5	Purchase1	1.000	—	—	—	0.898
	Purchase2	1.055	0.018	57.774	0.000	0.908
	Purchase3	0.995	—	54.009	0.000	0.881
	Purchase4	0.967	0.021	47.145	0.000	0.825

第一次验证性因子分析模型 AVE 和 CR 指标结果显示：5 个因子对应的 AVE 值分别为 0.757、0.618、0.665、0.641、0.763，全部大于 0.5；CR 值分别为 0.926、0.928、0.888、0.899、0.928，均高于 0.7（见表 4 – 25）。这意味着本测量模型具有良好的聚合（收敛）效度。

表 4 – 25　　　第一次验证性因子分析模型 AVE 和 CR 指标结果

Factor	平均方差萃取 AVE 值	组合信度 CR 值
actor 1	0.757	0.926
Factor 2	0.618	0.928
Factor 3	0.665	0.888
Factor 4	0.641	0.899
Factor 5	0.763	0.928

第一次验证性因子分析皮尔逊相关与 AVE 平方根值结果显示：5 个因子分别对应的 AVE 平方根值最小为 0.786，大于因子间相关系数的最大值 0.785（见表 4 – 26）。意味着本测量模型具有良好的区分效度。

表 4 - 26　　　　第一次验证性因子分析皮尔逊相关与 *AVE* 平方根值

变量	*Factor* 1	*Factor* 2	*Factor* 3	*Factor* 4	*Factor* 5
actor 1	0.870				
Factor 2	0.785	0.786			
Factor 3	0.213	0.167	0.815		
Factor 4	0.388	0.375	0.228	0.801	
Factor 5	0.636	0.663	0.094	0.358	0.873

注：斜对角线数字为 AVE 平方根值。

第一次验证性因子分析模型拟合结果显示，$X^2 = 1571.462$，$df = 265$；$p < 0.001$，$RMSEA = 0.063$，$GFI = 0.901$，$CFI = 0.946$，$IFI = 0.946$，$NFI = 0.936$，$RMSEA$ 小于 0.1，GFI、CFI、IFI 和 NFI 均大于 0.9，但卡方自由度比值过大，达 5.930（见表 4 - 27）。

表 4 - 27　　　　　　第一次验证性因子分析模型拟合指标

指标	χ^2	df	p	χ^2/df	GFI	$RMSEA$	CFI	IFI	NFI	AIC	BIC
值	1571.462	265	0.000	5.930	0.901	0.063	0.946	0.946	0.936	93222.901	93529.933

根据第一次验证性因子分析中因子和分析项之间的 MI 指标数值显示，部分分析项在其他因子中的 MI 指标较高，可能需要在模型中进行调整（见表 4 - 28）。

表 4 - 28　　　　第一次验证性因子分析因子和分析项——MI 指标

变量	*Factor* 1	*Factor* 2	*Factor* 3	*Factor* 4	*Factor* 5
*HealthV*1	—	4.456	9.517	2.905	2.631
*HealthV*2	—	7.338	0.100	0.001	7.252
*HealthV*3	—	0.033	4.997	6.728	6.079
*HeatlhV*4	—	32.948	2.590	0.922	6.440
*SymV*1	178.978	—	13.426	8.642	1.244
*SymV*2	32.422	—	0.217	2.101	25.018
*SymV*3	5.375	—	5.466	0.183	2.904
*SymV*4	74.987		6.227	6.203	7.325

续表

变量	Factor 1	Factor 2	Factor 3	Factor 4	Factor 5
SymV5	9.619	—	0.236	3.589	1.984
SymV6	3.361	—	1.120	0.020	18.898
SymV7	0.657	—	13.450	0.769	1.587
SymV8	14.044	—	4.976	0.090	3.258
Emowine1	6.417	4.372	—	0.855	4.868
Emowine2	1.938	1.668	—	0.520	0.053
Emowine3	2.904	0.466	—	2.713	1.520
Emowine4	1.097	0.044	—	3.341	0.358
AttiOrganicwine1	3.384	0.878	8.572	—	0.033
AttiOrganicwine2	4.482	2.762	0.302	—	2.044
AttiOrganicwine3	1.848	1.745	0.023	—	0.778
AttiOrganicwine4	0.018	0.101	0.013	—	1.801
AttiOrganicwine5	5.523	6.232	12.741	—	20.763
Purchase1	7.120	0.010	2.304	0.004	—
Purchase2	20.788	10.125	17.514	3.900	—
Purchase3	0.345	3.657	6.065	0.605	—
Purchase4	3.204	3.961	0.364	3.198	—

4.6.2　修正模型验证性因子分析

经过多次修正模拟尝试，得到包含 21 个显变量的测量模型。拟合指标显示，该修正模型的拟合优度较原始模型有明显提升，卡方自由度比值从 5.930 降至 3.617，AIC 和 BIC 值也有较大幅度的降低（见表 4 – 29）。

表 4 – 29　　　　　　修正模型验证性因子分析拟合指标

指标	χ^2	df	p	χ^2/df	GFI	RMSEA	CFI	IFI	NFI	TLI	AIC	BIC
值	647.434	179	0.000	3.617	0.951	0.046	0.976	0.976	0.967	0.972	79012.097	79278.192

由表 4 – 30 可以看出，各显变量的标准因子载荷均高于 0.7，且在 0.001 水平上显著，说明各显变量与相应的潜变量之间有强相关性。

表 4 - 30　　　　　　修正模型验证性因子分析因子载荷系数

潜变量	显变量	非标准载荷系数（Coef.）	标准误（Std. Error）	z	p	标准载荷系数（Std. Estimate）
Factor 1	HealthV1	1.000	—	—	—	0.890
	HealthV2	0.966	0.021	47.108	0.000	0.912
	HealthV3	0.973	0.022	43.404	0.000	0.874
Factor 2	SymV2	1.000	—	—	—	0.803
	SymV3	1.121	0.031	35.820	0.000	0.874
	SymV4	1.130	0.033	34.330	0.000	0.848
	SymV5	1.112	0.032	34.471	0.000	0.851
	SymV7	0.909	0.032	28.597	0.000	0.740
Factor 3	Emowine1	1.000	—	—	—	0.793
	Emowine2	1.092	0.034	32.544	0.000	0.865
	Emowine3	1.021	0.033	31.212	0.000	0.831
	Emowine4	1.028	0.036	28.695	0.000	0.774
Factor 4	AttiOrganicwine1	1.000	—	—	—	0.768
	AttiOrganicwine2	1.060	0.036	29.671	0.000	0.812
	AttiOrganicwine3	1.141	0.036	31.819	0.000	0.864
	AttiOrganicwine4	1.058	0.035	30.203	0.000	0.824
	AttiOrganicwine5	0.947	0.036	26.146	0.000	0.727
Factor 5	Purchase1	1.000	—	—	—	0.902
	Purchase2	1.061	0.022	48.570	0.000	0.905
	Purchase3	1.000	0.022	45.010	0.000	0.874
	Purchase4	0.954	0.025	38.694	0.000	0.812

　　修正模型的 AVE 和 CR 指标结果显示：5 个因子对应的 AVE 值分别为 0.795、0.684、0.665、0.641、0.763，全部大于 0.5；CR 值分别为 0.921、0.915、0.888、0.899、0.928，均高于 0.7（见表 4 - 31）。这意味着本次分析数据具有良好的聚合（收敛）效度。

表 4 – 31   修正模型 *AVE* 和 *CR* 指标结果

Factor	平均方差萃取 *AVE* 值	组合信度 *CR* 值
Factor 1	0.795	0.921
Factor 2	0.684	0.915
Factor 3	0.665	0.888
Factor 4	0.641	0.899
Factor 5	0.763	0.928

　　修正模型的皮尔逊相关与 *AVE* 平方根值结果显示，5 个因子分别对应的 *AVE* 平方根值最小为 0.801，大于因子间相关系数的最大值 0.746（见表 4 – 32）。意味着研究数据具有良好的区分效度。

表 4 – 32   修正模型皮尔逊相关与 *AVE* 平方根值

变量	*Factor* 1	*Factor* 2	*Factor* 3	*Factor* 4	*Factor* 5
Factor 1	0.892				
Factor 2	0.746	0.827			
Factor 3	0.219	0.160	0.815		
Factor 4	0.381	0.362	0.228	0.801	
Factor 5	0.623	0.658	0.094	0.358	0.873

　　采用多方法潜因子法对模型进行共同方法偏差检验（Podsakoff et al.，2003）。胡兰德等（Hulland et al.，2018）认为，在允许 Delaunay 三角剖分算法情况下，应使用多方法潜因子技术检验共同方法偏差。将特定测度的反应变量分解为多个维度（如特征、方法或随机误差），同时检验方法变异和随机误差。存在多个误差源的情况下，为了使系统误差控制在单项目水平上，在测量模型中纳入五个方法因子用来检测共同方法偏差。表 4 – 33 的结果表明，不考虑方法效应时，模型拟合与测量模型拟合基本一致，（$\chi^2 = 515.20$，$df = 148$，$p < 0.001$，$RMSEA = 0.04$，$CFI = 0.98$，$NFI = 0.98$，$IFI = 0.98$，$RFI = 0.97$），因此可以判定，本测量模型不存在明显的共同方法偏差。

表 4 - 33　　　　　　　　　　多方法潜因子模型拟合指标比较

指标	χ^2	df	p	χ^2/df	RFI	RMSEA	CFI	IFI	NFI
值	515.20	148	0.000	3.617	0.97	0.04	0.98	0.98	0.98

经过验证性因子分析，形成的修正测量模型包含 5 个潜变量和 21 个显变量，聚合效度和区分效度均良好，同时通过了共同性方法偏差检验。模型的具体测量结构、标准因子载荷、平均方差萃取值（AVE）和组合信度值（CR）如表 4 - 34 所示。

表 4 - 34　　　　　　　　　　测量模型结构

变量	题项	标准因子载荷	AVE	CR
健康价值	*HealthV*1：由于其制造过程是有机的，有机葡萄酒对我的身体而言是健康的	0.90	0.80	0.93
	*HealthV*2：饮用有机葡萄酒很可能会带来一些健康方面的益处	0.91		
	*HealthV*3：由于其制造过程是有机的，有机葡萄酒含有大量的营养成分	0.88		
象征价值	*SymV*2：有机葡萄酒很独特、与众不同	0.87	0.69	0.92
	*SymV*3：有机葡萄酒将会流行起来	0.86		
	*SymV*4：饮用有机葡萄酒体现了某种特定的个性	0.85		
	*SymV*5：有机葡萄酒是一种新颖的产品	0.76		
	*SymV*7：饮用有机葡萄酒体现了个人的生活理念	0.78		
情感评价	*Emowine*1：我觉得有机葡萄酒令人振奋	0.86	0.65	0.88
	*Emowine*2：我觉得有机葡萄酒令人愉悦	0.81		
	*Emowine*3：我觉得有机葡萄酒令人兴奋	0.77		
	*Emowine*4：我觉得有机葡萄酒令人放松	0.74		

变量	题项	标准因子载荷	AVE	CR
态度	AttiOrganicwine1：我对有机葡萄酒的总体评价是好的	0.82	0.64	0.90
	AttiOrganicwine2：我对有机葡萄酒的总体评价是令人愉悦的	0.86		
	AttiOrganicwine3：我对有机葡萄酒的总体评价是喜欢的	0.82		
	AttiOrganicwine4：我对有机葡萄酒的总体评价是正面的	0.74		
	AttiOrganicwine5：我对有机葡萄酒的总体评价是渴望饮用的	0.90		
购买意愿	Purchase1：我有购买有机葡萄酒的意愿	0.91	0.77	0.93
	Purchase2：我计划购买有机葡萄酒	0.88		
	Purchase3：我愿意推荐他人购买有机葡萄酒	0.82		
	Purchase4：我愿意为有机葡萄酒支付高于一般葡萄酒的价格	0.90		

4.7 结构模型和假设检验

运用 Amos25.0 对结构方程模型进行检验，模拟拟合指标如下：$\chi^2 = 647.434$，$df = 179$，$\chi^2/df = 3.617$，$p < 0.001$，$RMSEA = 0.046$，$CFI = 0.976$，$NFI = 0.967$，$IFI = 0.976$，$TLI = 0.972$，表明拟合效果良好。

该结构方程模型的路径系数如表 4 – 35 所示。

表 4 – 35   模型路径系数汇总

X	$\rightarrow$	Y	非标准化路径系数	z	SE	p	标准化路径系数
健康价值	$\rightarrow$	态度	0.259	4.387	0.059	0.000	0.239
健康价值	$\rightarrow$	购买意愿	0.279	6.477	0.043	0.000	0.280
象征价值	$\rightarrow$	态度	0.206	3.145	0.066	0.002	0.168
象征价值	$\rightarrow$	购买意愿	0.509	10.403	0.049	0.000	0.451

X	→	Y	非标准化路径系数	z	SE	p	标准化路径系数
情感评价	→	态度	0.161	5.587	0.029	0.000	0.169
情感评价	→	购买意愿	-0.059	-2.831	0.021	0.005	-0.068
态度	→	购买意愿	0.097	4.107	0.024	0.000	0.106

注：→表示路径影响关系。

4.7.1　健康价值对态度与购买意愿的影响

本书假设：消费者对有机葡萄酒所蕴含的健康价值的认知，会对消费者对有机葡萄酒持有的态度产生正向影响（假设 1）。经模型检验，这一影响路径的标准化路径系数值为 0.239 > 0，并且此路径呈现出 0.01 水平的显著性（$z = 4.387$，$p = 0.000 < 0.01$），因而说明消费者对有机葡萄酒健康价值的认知会对其有机葡萄酒态度产生显著的正向影响，因此推断出假设 1 成立。

本书假设：消费者对有机葡萄酒所蕴含的健康价值的认知，会对其有机葡萄酒购买意愿产生正向影响（假设 2）。经模型检验，这一影响路径的标准化路径系数值为 0.280 > 0，而且此路径呈现出 0.01 水平的显著性（$z = 6.477$，$p = 0.000 < 0.01$），因而说明消费者对有机葡萄酒健康价值的认知会对其购买意愿产生显著的正向影响，因此推断出假设 2 成立。

4.7.2　象征价值对态度与购买意愿的影响

本书假设：消费者对有机葡萄酒所蕴含的象征价值的认知，会对其对有机葡萄酒持有的态度产生正向影响（假设 3）。经模型检验，这一影响路径的标准化路径系数为 0.168，大于 0，并且此路径呈现出 0.01 水平的显著性（$z = 3.145$，$p = 0.002 < 0.01$），因而说明消费者对有机葡萄酒所蕴含的象征价值的认知会对消费者的有机葡萄酒态度产生显著的正向影响，因此推断出

假设 3 成立。

本书假设：消费者对有机葡萄酒所蕴含的象征价值的认知，会对其有机葡萄酒消费意愿产生正向影响（假设 4）。经模型检验，这一影响路径的标准化路径系数为 0.451，大于 0，并且此路径呈现出 0.01 水平的显著性（$z = 10.403$，$p = 0.000 < 0.01$），因而说明消费者对有机葡萄酒所蕴含的象征价值的认知，会对消费者消费意愿产生显著的正向影响，因此推断出假设 4 成立。

4.7.3　情感评价对态度与购买意愿的影响

本书假设，消费者对有机葡萄酒的情感评价会对其对有机葡萄酒持有的态度产生正向影响（假设 5）。经模型检验，这一影响路径的标准化路径系数值为 0.169 > 0，并且此路径呈现出 0.01 水平的显著性（$z = 5.587$，$p = 0.000 < 0.01$），因而说明消费者对有机葡萄酒的情感评价确实会对其对有机葡萄酒持有的态度产生显著的正向影响，因此推断出假设 5 成立。

本书假设，消费者对有机葡萄酒的情感评价会对其有机葡萄酒购买意愿产生正向影响（假设 6）。经模型检验，这一影响路径的标准化路径系数值为 $-0.068 > 0$（$z = -2.831$，$p = 0.005 < 0.01$），说明消费者对有机葡萄酒的情感评价不会对其有机葡萄酒购买意愿产生正向影响，因此推断出假设 6 不成立。

4.7.4　态度对购买意愿的影响

本书假设，消费者对有机葡萄酒持有的态度会对其有机葡萄酒购买意愿产生正向影响（假设 7）。经模型检验，这一影响路径的标准化路径系数值为 0.106 > 0，并且此路径呈现出 0.01 水平的显著性（$z = 4.107$，$p = 0.000 < 0.01$），因而说明消费者对有机葡萄酒持有的态度会对其有机葡萄酒购买意愿产生显著的正向影响，因此推断出假设 7 成立。

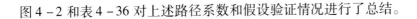

图4-2和表4-36对上述路径系数和假设验证情况进行了总结。

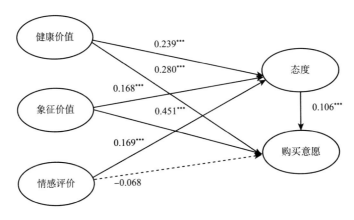

图4-2　模型标准化路径系数

注：＊＊＊ $p < 0.001$。

表4-36　　　　　　　　　　　**模型假设验证情况**

假设	标准化路径系数	验证结果
H1：健康价值正向影响态度	0.239＊＊＊	通过验证
H2：健康价值正向影响购买意愿	0.280＊＊＊	通过验证
H3：象征价值正向影响态度	0.168＊＊＊	通过验证
H4：象征价值正向影响购买意愿	0.451＊＊＊	通过验证
H5：情感评价正向影响态度	0.169＊＊＊	通过验证
H6：情感评价正向影响购买意愿	－0.068	未通过验证
H7：态度正向影响购买意愿	0.106＊＊＊	通过验证

注：＊＊＊ $p < 0.001$。

4.8　研究结果讨论

4.8.1　结论

中国已成为世界葡萄酒消费的领跑者，对有机葡萄酒市场发展具有重要影响（Rahman et al. , 2014；Bonn et al. , 2016；Rahman and Reynolds，2017），但关于中国消费者有机葡萄酒消费影响因素的研究仍然很少。通过中国全国范围内抽样调查研究发现，健康价值和象征价值是中国消费者对有机葡萄酒持有的积极态度和购买意愿的重要前因变量；中国消费者对有机葡萄酒的情感评价会激发其对有机葡萄酒产生积极态度，但不会正向影响消费者的购买意愿。该研究结果强调了中国消费者的有机葡萄酒购买意愿存在显著的认知框架，而情感框架的作用则并不显著。

4.8.2 讨论

4.8.2.1 中国消费者有机葡萄酒消费决策的认知和情感双重驱动因素

本书结果表明，情感和认知因素对有机葡萄酒的购买态度有相似影响，消费者对产品的态度是认知和情感评估双重影响的结果，这一结果与前人研究一致（Conner and Armitage，1998；Lee and Yun，2015）。然而，在中国消费者购买有机葡萄酒的动机中，消费者所认知到的有机葡萄酒的健康价值和象征价值已超越情感评价，成为主要影响因素。因此，中国消费者购买有机葡萄酒是在评估消费有机葡萄酒带来的潜在健康价值和象征价值之后的理性决策。

从路径系数来看，虽然健康价值对中国消费者的有机葡萄酒购买态度具有重大影响，但象征价值（例如独特的个性、新颖的体验和生活方式）才是驱动中国消费者有机葡萄酒购买意愿的主要因素。这一发现可能与中国的"面子"文化相对应，王（Wang et al. , 2018）的研究也表明，"面子"对中国消费者的消费行为具有显著影响。另外，近年多项研究表明，中国旅游者旅行支出的象征价值已发生转变，开始寻求消费背后的真实和独特含义，例如中国游客减少奢侈品购物支出，更加青睐独特的食物和美酒等体验旅游产品（Cheng，2019；Sampson，2016）。个性化需求促使中国游客在国际旅行中参观当地酒庄，而不仅仅是出于饮酒目的（Sampson，2016）。结合上述结论，本书有助于重新定义中国消费者所理解的有机葡萄酒产品的象征价值。

4.8.2.2　中国消费者决策模式中的本土文化效应

中国消费者有机葡萄酒购买意愿的主要影响因素，是对有机葡萄酒象征价值和健康价值等的理性"认知"，而不是情感评价，这一发现证实了中国消费者决策模式中的特殊本土文化效应：在中国文化情境中，消费者更倾向于购买功能性产品，而非享乐性产品（Lim and Ang，2008）。本书强化了这一效应：就算对于长期被认为是享乐型的产品（如葡萄酒），其功能价值（如消费者对其功能的认知评估）对于中国消费者购买意愿的影响也远大于情感评价。这一发现与西方消费文化中进行的研究得到的结论不同。对西方消费者而言，享乐型产品的情感评价被认为比认知评价更具影响力（或至少与认知评价的影响力相当）（Kim and Morris，2007）。因此，尽管中国消费者越来越体现出对于体验式消费的青睐（Cheng，2019），功利主义仍是中国消费者消费决策的突出逻辑。

4.8.2.3　情感价值对中国和西方消费者购买意愿影响存在显著差异

最后，情感因素对中国有机葡萄酒消费者的消费意愿影响不显著，中西方消费行为存在显著差异。以往以西方消费者为研究对象的结论显示，西方消费者在购买有机食品和有机餐饮时，情感价值位于认知和功能价值之上（Arvola et al.，2008；Lu and Chi，2018），是葡萄酒相关消费不可或缺的因素（Mora and Moscarola，2010）。而对于中国消费者而言，购买有机葡萄酒是基于对有机葡萄酒的社交价值、符号价值和功能性价值（例如健康价值）的理解（Chang et al.，2016；Pforr and Phau，2018）。这一逻辑在有机食品购买中也有所表现，中国消费者购买有机食品的消费决策主要是因为感知到有机食品的质量和营养价值、感官价值，以及消费有机食品带来的社会地位认知等（Chen et al.，2014；Hasimu et al.，2017）。因此，本书有助于促进中国与西方消费者有机食品和葡萄酒购买行为的跨文化交流。

4.9 本章小结

本章以探讨中国消费者的有机葡萄酒购买意愿为目标，结合情感评估和中国葡萄酒消费者群体的两大特殊关键价值认知（健康价值和象征价值），形成一个简化的"认知＋情感——态度——行为意愿"实证框架，探讨中国消费者有机葡萄酒态度和购买意愿的影响因素。

研究结果表明，健康价值和象征价值是中国消费者对有机葡萄酒持有的积极态度和购买意愿的重要前因变量。中国消费者对有机葡萄酒的情感评价会激发其对有机葡萄酒产生积极态度，但不会正向影响消费者的购买意愿。该研究结果强调了中国消费者的有机葡萄酒购买意愿存在显著的认知框架，而情感框架的作用则并不显著。

本书拓展了新兴市场有机葡萄酒消费研究的现有成果，为我国有机葡萄酒产业的发展提供重要的市场知识，也有助于促进中国与西方消费者有机食品和葡萄酒购买行为的跨文化交流。

虽然取得上述成果，但本书也存在局限。如有机标签增加了消费者购买意愿的复杂性，已有研究发现，对有机葡萄酒供应商的信任在西方消费者的购买意愿中占主导地位（Bonn et al. , 2016；Drennan et al. , 2015）。

| 第 5 章 |

中国消费者有机葡萄酒购买意愿影响因素：
社会信任、健康意识与积极情绪

——产品熟悉度的调节效应

5.1　引　　言

　　第 4 章通过实证发现，健康价值和象征价值是中国消费者对有机葡萄酒持有的积极态度和购买意愿的重要前因变量；中国消费者对有机葡萄酒的情感评价会激发其对有机葡萄酒产生积极态度，但不会正向影响消费者的购买意愿。该研究结果强调了中国消费者的有机葡萄酒购买意愿存在显著的认知框架。

　　然而，消费者对包括有机食品在内的产品是否"名副其实"持怀疑态度，在世界范围内也是一种普遍现象（如 Aarset et al.，2004；Janssen and Hamm，2012；Vermeir and Verbeke，2006）。由于缺乏区分有机葡萄酒和传统葡萄酒的知识和专业技能，消费者往往依靠由相关有机认证机构颁发的"有机"标签来确认葡萄酒的有机身份，并将其看作一种质量保证。在中国，虽然居民对社会制度的总体信任度仍然较高（Bernstein and Lu，2000；Tao，Yang，Li and Lu，2014；Saich，2007），但在过去几十年中已经出现了信任下降的现象（Chen，2017；Xin and Zhou，2012），特别是食品安全问题（如三聚氰胺婴儿配方奶粉丑闻和餐馆使用地沟油），持续受到大众媒体和公众的关注（Lam，Remais，Fung，Xu and Sun，2013）。食品安全问题影响了中国消费者对商业经营者和政府的信任，并可能进而影响其食品相关消费行为。研究社会信任对中国消费者有机葡萄酒购买行为的影响，这是本章的主要目的。

第 4 章的研究结果拒绝了消费者对有机葡萄酒的情感评价（如"我觉得有机葡萄酒令人振奋"）对其购买意愿有显著影响的假设，但是证实了消费者对有机葡萄酒的态度对购买意愿有显著影响。作为消费者态度的重要直观、快速反应，消费者对有机葡萄酒的积极情绪（如"当我想到有机葡萄酒时，我的感觉是兴奋"）是否对购买意愿有显著影响呢？这也是本章将试图厘清的。

此外，作为消费者所积累的与产品有关的经验（Abla and Hutchinson，1987），产品熟悉度对消费者信息处理的影响一直是消费者行为研究的一个重点（如 Bettman，1979；Zhou and Nakamoto，2007）。葡萄酒消费者产品熟悉度的差异，可能导致其购买意愿决策逻辑中情绪和认知评价权重的差异。换句话说，社会信任、健康意识、消费者情绪和购买意愿之间的关系大小可能会受到产品熟悉程度的调节。

本章以中国消费者的健康意识和社会信任为切入点，解释中国消费者对有机葡萄酒的积极情绪和购买意愿，形成一个"认知＋信任—积极情绪—行为意愿"实证框架。并引入"葡萄酒熟悉度"概念作为调节变量，探讨日常饮用和偶尔饮用葡萄酒的消费者对于购买有机葡萄酒的偏好差异。

5.2　研究假设

5.2.1　社会信任

信任被认为是消费者产生购买意愿的重要前提，也是建立良好持续的消费者—企业关系的先决条件（Morgan and Hunt，1994；Sirdeshmukh，Singh and Sabol，2002）。根据心理学相关文献，消费者信任通常被定义为个体对他人的能力、善意和诚信的整体感知（Mayer，Davis and Schoorman，1995）。它是通过一系列的认知过程形成的，包括评估他人的能力水平、诚信和善意，以及他们的非投机主义行为（Dwyer，Schurr and Oh，1987；Hagen and Choe，1998）。由于交易对手的动机、意图和能力的不确定性，交换关系中的参与者被认为处于一种脆弱的风险状态（Bhattacharya and Sen，2003；Renn，2017），而信任可以为不同参与者之间的持续交流奠定基础，从而保障交换关系的稳定。

　　在以往的市场研究中，信任被研究者认定为消费者与特定对象（主要是企业）的二元关系。然而，正如社会学家所阐述的那样，信任应该被视为社会学概念，并存在于更广泛的社会系统中，这个社会系统包含个体和系统维度（如 Barber，1983；Colquitt，Scott and LePine，2007；Johnson and Grayson，2005；Lewis and Weigert，1985；Luhmann，1988；2018）。这种信任被称为社会信任，指的是对其他各方（包括个人和机构）及其所处的社会系统的一般态度或期望（Mollering，2001；Luhmann，1988；2018）。社会信任更多地强调互动的道德维度或巴伯（Barber，1983）所称的"信托义务"，它也是一种"能够有效和公正地使用知识和地位赋予的权力，并防止滥用这种权力"的社会机制（Barber，1983）。社会信任可以被视为有效的社会秩序和合作的基石（Nannestad，2008；Rothstein and Eek，2009）。

　　一般消费者与企业之间存在"能力差距"或信息不对称，消费者很难验证相关组织（如生产企业和分销商）的能力、诚信、善意和非投机行为，所以他们只能在某种程度上信任这些组织（Fang et al.，2014；Pavlou and Gefen，2004），个人的社会信任如何影响消费者的态度和行为值得研究。消费者期望社会关系中的其他各方展现道德义务和责任感，来证明他们对消费者利益的重视和保护。特别是在有机葡萄酒行业，从酿酒葡萄的有机化耕作，到酿造过程的无添加控制，再到市场销售，是一个很漫长的过程，涉及葡萄种植、酿酒、装瓶、质检、产品运输到最终销售的众多环节，需要各种不同的组织在这个价值链中展开合作。在这一过程中任何违反有机原则的行为都会扭曲有机葡萄酒的"有机"属性,而且消费者对于"有机"属性是否被扭曲无法直接验证。因此,对单个组织的信任不足以解释消费者对葡萄酒产品的购买意愿,对整个社会运转结构的信任在这一决策过程中可能会发挥更大的作用。基于先前的讨论,本书提出假设 H1:社会信任与消费者的有机葡萄酒消费之间存在正相关关系。

H1:社会信任正向影响消费者购买有机葡萄酒的意愿。

5.2.2 健康意识

健康意识是指个人追求健康行为的程度(Becker et al.,1977),它已经被确定为消费者态度、购买意愿和实际购买有机食品行为的主要动机(如 Aertsens et al.,2009;Magnusson et al.,2003;Michaelidou and Hassan,2008;Grankvist and Biel,2001;Lockie et al.,2002)。注重健康的消费者往往更加关注自身健康状态,因此为了改善或维持他们目前的身体健康状态,他们更有动机产生与健康相关的购买行为(Plank and Gould,1990;Newsom et al.,2005)。一般来说,消费者认为有机食品比传统食品更健康(Padel and Foster,2005)、更有营养(Lockie et al.,2004)。健康意识强的消费者,为了保持或增强他们的身体健康状态,将产生有机葡萄酒消费意愿。此外,中国消费者认为适度饮用葡萄酒有助于身体健康,这一观点源于中国传统医学——中医的倡导(Somogyi,Li,Johnson,Bruwer and Bastian,2011;Pettigrew and Charters,2010)。因为酒精含量较低,并被认为具有健康益处(Liu and Murphy,2007;Schmitt,2013),葡萄酒未来有望取代中国的传统烈酒(即白酒),成为中产阶级尤其是年轻一代群体的社交饮用酒(Jourdan,2013)。因此,健康意识有望成为中国消费者购买有机葡萄酒的直接刺激因素。基于上述分析,提出假设 H2:

H2:健康意识正向影响消费者购买有机葡萄酒的意愿。

5.2.3 情绪：先前评价和后验行为

消费者行为研究长期以来受到微观经济学相关假设的影响，认为消费者是理性的决策者（Simon，1959；Schoemaker，1982），他们的购买行为决策是通过对产品或服务相关属性（价值）的认知来做出的，目的是最大化个人偏好（McFadden，Machina and Baron，1999；Bettman，Luce and Payne，1998）。但是，营销学者们很快意识到消费行为也可能是情绪化的，因为消费者的购买意愿不仅伴随着认知评估，而且伴随着情绪体验，是一种综合的主观体验（Schwarz，1990；Storbeck and Clore，2007）。情绪被认为是解释消费者购买餐饮产品和服务体验决策的关键因素（Koenig-Lewis and Palmer，2014；Song and Qiu，2017）。尤其是阐明了情绪的动机和根源的情绪认知评估方法，已经被越来越多地用于研究消费者行为领域的情绪（Watson and Spence，2007；Liu，Sparks and Coghlan，2016）。

与认知评估方法相一致，情绪通常被定义为一种心理准备状态，它是对所遇到的事件或思想进行认知评估的结果，这种结果与评估主体（个人）和评估客体紧密相关，并可能由于这些特定情绪导致一定的具体行动（Lazarus，1991；Bagozzi et al.，1999）。虽然情绪反应通常与事件或物理环境的类别有关，但引起情绪的不是特定的事件或环境，而是个体使用的独特认知评估过程（Bagozzi et al.，1999）。从本质上讲，评估是指对事件特征的评估和解释，应被视为个体产生情绪的主导机制（Zeelenberg and Pieters，2004）。不同的人对同一事件或环境会有不同的情绪反应。因此，情绪认知评价理论的解释符合消费者是"意义建构的积极参与者"的概念（Elliott，1997），它为研究消费者的情绪及其对行为的影响提供了一条可期的途径（Johnson and Stewart，2005）。

虽然研究情绪认知评价理论的学者对导致特定情绪的关键因素尚未达成共识（如 Roseman，1991；Smith and Ellsworth，1985；Lazarus，1991），但是将实际状态与期望状态进行比较后得到的结果通常被视为情绪反应的关键决定因素（Perugini and Bagozzi，2001）。例如，拉扎勒斯（Lazarus，1991）强调了目标相关性和目标一致性对情绪形成的关键作用。同样，罗斯曼（Roseman，1991）提出动机一致性或动机不一致性作为产生积极或消极情绪的直接参考。积极情绪可以通过实现一个积极目标来实现，也可以通过避免初始动机的负面结果来实现。沃森和斯宾塞（Watson and Spence，2007）进一步指出，结果的可取性（desirability），即"对某一情境的结果在个人幸福感和价值观方面是好还是坏的初步认知评估"，是对一件事最基本的评价。个人对一种情况相对于个人的动机或目标的可取或不可取程度的总体评价，为情绪（积极或消极）的产生定下了一个总基调。

在有机葡萄酒市场情境下，假设有机葡萄酒比传统的葡萄酒产品更健康、更安全、更有营养（Padel and Foster，2005；Lockieet，2004；Michaelidou and Hassan，2008），则消费者的健康意识可以被看作是驱动其消费行为的一种隐性动机。有健康意识的消费者往往认为饮用有机葡萄酒对于实现他们的健康目标有利，而这种动机一致的评价将引发积极的情绪。

另外，确定性或罗斯曼（Roseman，1991）所说的概率，则是对情绪的另一种重要解释。确定性代表特定事件的感知可能性（Watson and Spence，2007）。如果个体对于事件或其结果拥有更高的感知确定性，则会导致更积极的情绪，反之亦然。通常，消费者与零售公司之间的社会交换是由基于相互信任的社会秩序来保证的。具有高度社会信任的消费者对其他社会主体的道德和社会义务履行期望较高，认为社会交换的确定性很高，从而可能导致更积极的情绪。因此，社会信任作为潜在社会秩序的参照标杆，预计会对消费者的积极情绪产生直接而积极的影响。基于以上讨论，做出假设 H3 和假设 H4：

H3：社会信任正向影响消费者对有机葡萄酒的积极情绪。

H4：健康意识正向影响消费者对有机葡萄酒的积极情绪。

如上所述，情绪是认知评估过程的一个功能，它能够评估事件或环境中固有的特征（Roseman，1984）。由此产生的情绪作为个人做出消费决策的情感标准（Lerner and Keltner，2000；Lerner，Li，Valdesolo and Kassam，2015；

Schwarz，1990）。因此，情绪中介了对消费行为和环境的主观评价，以及由此产生的购买行为。研究人员已经证明，情绪与各种与消费相关的行为有直接联系。例如，顾客满意度和购买意愿（Bagozzi et al.，1999；Ladhari，2007）、产品评估（Han，Lerner and Keltner，2007）、口碑宣传的可能性（Ladhari，2007）和服务失败的补救评估（Dunning et al.，2004）。特别是积极情绪，它描述了一个人感到热情、活跃和愉快的程度（Watson，Clark and Tellegen，1988），表明了对产品的良好评价。此外，由于葡萄酒消费本身可以被认为是享乐性消费，而实际消费大多发生在社交场合，如团体外出就餐的时候，享乐性消费中所固有的积极情绪可能会对消费者的行为产生更大影响。基于以上讨论，做出假设 H5：

H5：消费者对有机葡萄酒的积极情绪正向影响其对有机葡萄酒的购买意愿。

5.2.4　产品熟悉度的调节效应

长期以来，产品熟悉度对消费者信息处理的影响一直是消费者行为研究的一个热点（如 Bettman，1979；Zhou and Nakamoto，2007）。产品熟悉度被定义为消费者所积累的与产品相关的经验数量（Abla and Hutchinson，1987）。研究发现，产品熟悉度的增加有助于消费者更有效地使用现有信息和获取新信息（Park and Lessig，1981）。例如，产品熟悉度高的消费者（有经验的消费者）能够减少外部信息搜索行为（Bettman and Park，1980），并使他们集中注意力于相关信息而忽略不相关信息（Afifi and Weiner，2004；Johnson and Meischke，1993）。

产品熟悉程度较低的消费者会通过使用相似的产品或其他消费者的评价来获得间接的信息或经验。由于缺乏完善的知识结构，他们的产品评估和购买决策过程将困难重重（Park and Lessig，1981；Schmidt and Spreng，1996）。以往的研究表明，由于缺乏先前经验，产品熟悉度较低的消费者往往倾向于依赖最便利获得的信息来做出决策（Park and Lessig，1981；Moreau，Lehmann and Markman，2001）。例如，品牌名称和价格（Rao and Monroe，1988）。除了使用产品的隐含属性外，另一种减少消费者在决策过程中的挫败感和认知负担的方法是增加对情绪的依赖。正如法拉吉和范（Faraji-Rad and Pham，2016）的一项研究表明，在高不确定的状态下，个体在作出判断和决策时，可能会更加重视情绪因素。

与各种隐性或显性的产品信息认知相比，情绪往往更容易评估（Pham et al.，2001；Strack，1992）。情绪的易得性使其容易被消费者作为决策参考，并拥有影响消费者后续行为的能力（Verplanken et al.，1998；Schwarz and Clore 1996；Slovic，Peters，Finucane and MacGregor，2005）。在个体处理认知信息的能力或机会有限的情况下，他们会依靠情绪或"直觉"来作出判断和决策，因为情绪信息更易得、更有效率（Finucane，Alhakami，Slovic and Johnson，2000）。在有机葡萄酒的消费情境中，不熟悉有机葡萄酒的消费者在评估有机葡萄酒时，往往更依赖于情绪。同时，他们对认知的依赖，即社会信任和健康意识会降低。这一逻辑与可用性启发式（availability heuristic）（Tversky and Kahneman，1974）的观点是一致的，即在决策过程中使用易于获取的信息。

随着对相关产品的使用和接触次数的增加，消费者获得了更多信息并且对产品也更加熟悉。消费者对产品熟悉度的提高往往伴随着他们对自己搜索信息能力信心的增强（Schmidt and Spreng，1996）。具有高产品熟悉度的消费者会积极地进行广泛的信息搜索和处理，以降低决策过程中的混乱度和复杂性。此外，他们还有能力处理更复杂和更多的信息（Park and Lessig，1977；1981）。因此，产品熟悉度高的消费者在进行购买决策时，对情绪的依赖程度会降低，而倾向于使用更精细的认知。

总之，随着葡萄酒消费者产品熟悉度的变化，分配给情绪和认知评价的权重会发生变化。在有机葡萄酒的购买决策中，产品熟悉度较低的消费者更依赖于个人情绪，而较少进行认知评估（如社会信任和健康意识）；产品熟悉度较高的消费者则更倾向于认知评估，对情绪的依赖程度较低。换句话说，社会信任、健康意识、消费者情绪和购买意愿之间的路径系数大小可能会受到产品熟悉程度的调节。基于以上讨论，做出假设 H6a、H6b 和 H6c：

H6a：对于产品熟悉度高的消费者来说，社会信任对消费者有机葡萄酒购买意愿的正向影响强于产品熟悉度低的消费者。

H6b：对于产品熟悉度高的消费者来说，健康意识对消费者有机葡萄酒购买意愿的正向影响强于产品熟悉度低的消费者。

H6c：对于产品熟悉度高的消费者来说，积极情绪对消费者购买有机葡萄酒的意愿的正向影响弱于产品熟悉度低的消费者。

5.2.5 研究模型

对上述假设进行总结，得出如图 5 - 1 所示的研究模型。

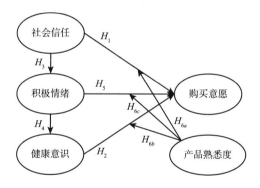

图 5 - 1 研究模型

5.3 研究方法

5.3.1 研究过程与方法

本书问卷的测量题项中，潜变量"健康意识"包括四个显变量（Jun，Kang and Arendt，2014）。"社会信任"由五个显变量组成（Lang and Hallman，2005；Siegrist，2000）。消费者对有机葡萄酒的"积极情绪"由五个显变量进行测量（Lee et al.，2008；Kuo and Wu，2012；Jang and Numkang，2009）。"购买意愿"由四个显变量测量（Han，Hsu and Sheu，2010）。对有机葡萄酒的"产品熟悉度"由三个显变量组成（Gursoy and Mcleary，2004）。这些题项均采用里克特 7 级量表进行测量，1 分代表被试者"非常不同意"，7 分则代表"非常同意"。在将量表由英文翻译成中文的过程中，同样采用了协作型反向翻译程序，以确保翻译的准确性。具体中英文对照的量表题项如表 5 - 1 所示。

表 5 - 1　　　　　　　　　　　测量题项中英文对照

潜变量	显变量（英文）	显变量（中文）
健康意识	Having good health means a lot to me	健康对我来说非常重要
	Good Health is not important	健康对我来说不重要
	I often think about my health	我时常关注自己的健康
	I think myself as a person who is interested in healthful foods	我认为自己是一个对健康食品感兴趣的人
社会信任	Science/research institutions	科学/研究机构
	Consumer advocacy organizations	消费者权益组织
	Consumer generated forums	消费者论坛
	Environmental organizations	环境组织
	Organizations that regulate food/beverage policies (e. g.，food and drug administration)	食品监管组织（如食药局）
积极情绪	Excited	兴奋的
	Pleased	愉悦的
	Relaxed	放松的
	Satisfied	满意的
	Happy	快乐的
购买意愿	I intend to purchase organic wines	我有购买有机葡萄酒的意愿
	I plan to purchase organic wines	我计划购买有机葡萄酒
	I am willing to recommend others to purchase organic wines	我愿意推荐他人购买有机葡萄酒
	I am willing to pay a premium price to purchase organic wines	我愿意为有机葡萄酒支付高于一般葡萄酒的价格

续表

潜变量	显变量（英文）	显变量（中文）
产品熟悉度	Compared to general public, I am familiar with organic wines	我比一般人更熟悉有机葡萄酒
	Compared to friends and acquaintances, I am familiar with organic wines	我比我的朋友和熟人更熟悉有机葡萄酒
	Compared to people who know much about organic wines, I am familiar with organic wines	我比有机葡萄酒行家更熟悉有机葡萄酒

5.3.2　数据收集与分析

本章所使用的研究数据与第 4 章来自同一批样本，将两部分测量题项合并为一份问卷进行数据收集，因此这两部分的数据收集工作是完全同步完成的，具体数据收集过程在此不再赘述。

本书同样运用 SPSS22.0 和 Amos25.0 进行结构方程模型（*SEM*）分析。首先，从总体样本中随机选择 30%（$n = 523$）作为估计样本，使用主成分分析法和斜交旋转法进行探索性因子分析（*EFA*），*EFA* 用于揭示每个变量的基本维度，并对量表进行简化。然后使用验证样本（$n = 1222$）进行验证性因子分析和结构方程模型分析（*IBM AMOS* 25），以检验测量模型和提出的结构方程模型。为了检验产品熟悉度的中间调节作用，验证样本使用"熟悉度"的总和得分来分为两组，即评价低于 3.5 的被分为低熟悉度组（$n = 599$）、等于或高于 3.5 的被分为高熟悉度组（$n = 623$）。然后进行多组分析以检验模型中低熟悉度组和高熟悉度组之间结构路径的等效性。

由于本书使用与第 4 章同一批样本，故样本的地理来源统计特征、人口统计学特征、葡萄酒消费特征等分析不再重复进行。

5.4　模型检验：探索性因子分析

本模型研究的主要潜变量有五个，分别是健康意识、社会信任、积极情绪、购买意愿和产品熟悉度。通过文献可知，这五个潜变量已有相对成熟的量表，但因不同研究者的研究角度和研究情境不同，其所选取的量表也不同。本模型在变量测量上已有成熟量表为基础，针对中国情境进行了少量的自主研发。因此，下面将对量表进行小样本探索性因子分析，选取 30%（$n = 523$）样本进行探索性因子分析，采用直接 Oblimin 斜交旋转因子分析法（Hair et al.，2010），对样本进行共同性检验和因子载荷量分析，以特征值大于 1.0 为准则确定每个变量的基本维度（Kaiser，1960），并从分析中删除具有大量交叉载荷（>0.5）或无因子载荷（<0.5）的相关项目。

5.4.1　显变量总相关分析

在第 4 章中已经对购买意愿各显变量与总体的相关关系进行了分析，此处不再重复。下面将分析本章其余 4 个潜变量与测量变量之间的相关关系。

5.4.1.1　健康意识各显变量与总体的相关关系

本书使用的健康意识量表包含 4 个题项，为方便统计，分别以 *Health-Con*1、*HealthCon*2、*HealthCon*3、*HealthCon*4 表示。下面将对各显变量得分与健康意识总分之间做相关分析，检查每个显变量与总分的同质性程度。相关系数越高，则同质性程度越高，越能准确测量受访者健康意识的整体水平。相关系数低于 0.4 的显变量为不合格，将被从问卷中剔除。结果如表 5 - 2 所示，健康意识各显变量与总体的相关系数都在 0.9 以上，说明这些题项均能很好地测量健康意识的整体水平。

表 5 - 2　　　　　　　　　健康意识各显变量与总体的相关关系

显变量	*HealthCon*1	*HealthCon*2	*HealthCon*3	*HealthCon*4
相关系数	0.903	0.944	0.937	0.904

5.4.1.2　社会信任各显变量与总体的相关关系

本书使用的社会信任量表包含 5 个题项，为方便统计，分别以 *Trust*3、

*Trust*5、*Trust*6、*Trust*7、*Trust*8 表示。对各显变量得分与社会信任总分之间做相关分析，结果如表 5 – 3 所示，社会信任各显变量与总体的相关系数都在 0.7 以上，说明这些题项均能很好地测量社会信任的整体水平。

表 5 – 3　　　　　　　　社会信任各显变量与总体的相关关系

显变量	*Trust*3	*Trust*5	*Trust*6	*Trust*7	*Trust*8
相关系数	0.807	0.891	0.744	0.887	0.827

5.4.1.3　积极情绪各显变量与总体的相关关系

本书使用的积极情绪量表包含 5 个题项，分别以 *Excited*、*Pleased*、*Relaxed*、*Satisfied*、*Happy* 表示。对各显变量得分与积极情绪总分之间做相关分析，结果如表 5 – 4 所示，积极情绪各显变量与总体的相关系数都在 0.8 以上，说明这些题项均能很好地测量消费者积极情绪的整体水平。

表 5 – 4　　　　　　　　积极情绪各显变量与总体的相关关系

显变量	*Excited*	*Pleased*	*Relaxed*	*Satisfied*	*Happy*
相关系数	0.843	0.933	0.934	0.900	0.918

5.4.1.4　产品熟悉度各显变量与总体的相关关系

本书使用的产品熟悉度量表包含 3 个题项，分别以 *Fam*1、*Fam*2、*Fam*3 表示。对各显变量得分与产品熟悉度总分之间做相关分析，结果如表 5 – 5 所示，产品熟悉度各显变量与总体的相关系数都在 0.9 以上，说明这些题项均能很好地测量产品熟悉度的整体水平。

表 5 – 5　　　　　　　　产品熟悉度各显变量与总体的相关关系

显变量	*Fam*1	*Fam*2	*Fam*3
相关系数	0.945	0.944	0.913

5.4.2 问卷信度分析

下面使用克朗巴赫的 α 系数指标分别对潜变量的显变量进行信度分析。如表 5-6 所示，健康意识、社会信任、积极情绪、购买意愿和产品熟悉度这 5 个潜变量分别由 4 个、5 个、5 个、4 个、3 个显变量进行测量，总信度系数 α 值分别为 0.941、0.888、0.945、0.917、0.925，均高于 0.8，$CITC$ 值均高于 0.5，题项已删除的 α 系数均低于总 α 系数。综上说明，这些潜变量的显变量测量信度很高。

表 5-6　　　　　　　　　　各潜变量的显变量信度分析

潜变量	显变量	校正项总计相关性（*CITC*）	项已删除的 α 系数	*Cronbach* α 系数
健康意识	*HealthCon*1	0.831	0.932	0.941
	*HealthCon*2	0.897	0.911	
	*HealthCon*3	0.885	0.915	
	*HealthCon*4	0.826	0.934	
社会信任	*Trust*3	0.695	0.870	0.888
	*Trust*5	0.820	0.842	
	*Trust*6	0.598	0.893	
	*Trust*7	0.815	0.843	
	*Trust*8	0.719	0.865	
积极情绪	*Excited*	0.756	0.944	0.945
	Pleased	0.893	0.924	
	Relaxed	0.893	0.924	
	Satisfied	0.840	0.934	
	Happy	0.870	0.928	
购买意愿	*Purchase*1	0.829	0.886	0.917
	*Purchase*2	0.832	0.884	
	*Purchase*3	0.827	0.886	
	*Purchase*4	0.752	0.912	

续表

潜变量	显变量	校正项总计相关性（*CITC*）	项已删除的 α 系数	*Cronbach* α 系数
产品熟悉度	*Fam*1	0.881	0.867	0.925
	*Fam*2	0.876	0.869	
	*Fam*3	0.793	0.941	

5.4.3　KMO 检验和巴特勒球形检验

如表 5 - 7 所示，健康意识、社会信任、积极情绪、购买意愿和产品熟悉度的 KMO 值分别为 0.812、0.861、0.904、0.844 和 0.739，均高于 0.7；巴特勒球形检验卡方值分别为 2023.726、1462.613、2475.493、1490.808 和 1300.630，并通过显著性检验。这两组数据都说明本问卷各潜变量的题项都适合做因子分析。

表 5 - 7　　　　　　　　　　KMO 检验与巴特勒球形检验

项目	KMO 检验	Barlett 球形检验		
		大约卡方	df	显著性
健康意识	0.812	2023.726	6	0.000
社会信任	0.861	1462.613	10	0.000
积极情绪	0.904	2475.493	10	0.000
购买意愿	0.844	1490.808	6	0.000
产品熟悉度	0.739	1300.630	3	0.000

5.4.4　共同性萃取值与因子载荷量分析

共同性萃取值表示显变量能解释共同特征或属性的变异量，共同性萃取值越高，则使用显变量能测量到潜变量的程度越高。因子载荷量则表示显变量与潜变量关系的程度，因子载荷量越高，则显变量与潜变量关系越紧密，同质性越高。下面将使用直接 Oblimin 斜交旋转因子分析法，分别对各潜变量的显变量共同性萃取值和因子载荷量进行分析。

5.4.4.1　健康意识

健康意识这一潜变量包含 4 个显变量，使用主成分分析法，根据特征值大于 1 的标准，共提取出一个公因子。如表 5 - 8 所示，4 个显变量的共同性萃取值均在 0.8 以上（大于 0.2），因子载荷量均在 0.9 以上（大于 0.4），符合检验标准。

表 5 - 8　　　　　健康意识共同性萃取值和因子载荷量分析

变量	共同性萃取值	因子载荷量
HealthCon1	0.820	0.906
HealthCon2	0.893	0.945
HealthCon3	0.877	0.936
HealthCon4	0.811	0.901

5.4.4.2　社会信任

社会信任这一潜变量共包含 5 个显变量，使用主成分分析法，根据特征值大于 1 的标准，共提取出一个公因子。如表 5 - 9 所示，5 个显变量的共同性萃取值均在 0.5 以上（大于 0.2），因子载荷量均在 0.7 以上（大于 0.4），符合检验标准。

表 5 - 9　　　　　社会信任共同性萃取值和因子载荷量分析

变量	共同性萃取值	因子载荷量
Trust3	0.653	0.808
Trust5	0.807	0.898
Trust6	0.528	0.726
Trust7	0.796	0.892
Trust8	0.689	0.830

5.4.4.3　积极情绪

积极情绪这一潜变量包含 5 个显变量，使用主成分分析法，根据特征值大于 1 的标准，共提取出一个公因子。如表 5 - 10 所示，5 个显变量的共同性萃取值均在 0.7 以上（大于 0.2），因子载荷量均在 0.8 以上（大于 0.4），通过检验。

表 5 - 10　　　积极情绪共同性萃取值和因子载荷量分析

变量	共同性萃取值	因子载荷量
Excited	0.700	0.837
Pleased	0.874	0.935
Relaxed	0.875	0.935
Satisfied	0.811	0.900
Happy	0.845	0.920

5.4.4.4　购买意愿

购买意愿包含 4 个显变量，使用主成分分析法，根据特征值大于 1 的标准，共提取出一个公因子。如表 5 - 11 所示，4 个显变量的共同性萃取值最小为 0.734，均大于 0.2，因子载荷量最小为 0.856，均大于 0.4，符合检验标准。

表 5 - 11　　　购买意愿共同性萃取值和因子载荷量分析

变量	共同性萃取值	因子载荷量
*Purchase*1	0.824	0.907
*Purchase*2	0.828	0.910
*Purchase*3	0.821	0.906
*Purchase*4	0.734	0.856

5.4.4.5　产品熟悉度

积极情绪这一潜变量包含 3 个显变量，使用主成分分析法，根据特征值大于 1 的标准，共提取出一个公因子。如表 5 – 12 所示，3 个显变量的共同性萃取值均在 0.8 以上（大于 0.2），因子载荷量均在 0.9 以上（大于 0.4），通过检验。

表 5 – 12   产品熟悉度共同性萃取值和因子载荷量分析

变量	共同性萃取值	因子载荷量
Fam1	0.904	0.951
Fam2	0.901	0.949
Fam3	0.816	0.903

5.4.5　探索性因子分析结果

本章探索性因子分析的最终结果验证了每个潜变量的单因子结构，形成了包含 21 项显变量的测量模型，其中健康意识潜变量由 4 个显变量测量（克朗巴哈系数 =0.941），社会信任由 5 个显变量测量（克朗巴哈系数 =0.888），积极情绪由 5 个显变量测量（克朗巴哈系数 =0.945），产品熟悉度由 3 个显变量测量（克朗巴哈系数 =0.925），购买意愿由 4 个显变量测量（克朗巴哈系数 =0.917）。各潜变量解释的总方差在 69.449% ~87.368% 之间。

5.5　模型检验：验证性因子分析

将验证样本（$n = 1223$）分为高熟悉度组（$n = 599$）和低熟悉度组（$n = 624$），使用 Amos25.0 进行验证性因子分析，来同时检测两组研究模型的测量特性。

5.5.1　因子载荷系数

由因子载荷系数表 5 – 13 可知，不论是低产品熟悉度组还是高产品熟悉度组，各显变量的标准载荷系数均高于0.5，且均在0.001水平上显著，表明这些显变量与其对应的潜变量之间具有较强的相关性。

表 5 – 13　　　　低产品熟悉度组和高产品熟悉度组的因子载荷系数

潜变量	显变量	标准载荷系数	
		低产品熟悉度组	高产品熟悉度组
健康意识	健康对我来说非常重要	0.901 ***	0.854 ***
	健康对我来说不重要	0.938 ***	0.902 ***
	我时常关注自己的健康	0.913 ***	0.916 ***
	我认为自己是一个对健康食品感兴趣的人	0.849 ***	0.872 ***
社会信任	科学/研究机构	0.765 ***	0.778 ***
	消费者权益组织	0.848 ***	0.825 ***
	消费者论坛	0.590 ***	0.658 ***
	环境组织	0.859 ***	0.845 ***
	食品监管组织（如食药局）	0.768 ***	0.814 ***
积极情绪	兴奋的	0.793 ***	0.839 ***
	愉悦的	0.931 ***	0.923 ***
	放松的	0.919 ***	0.908 ***
	满意的	0.883 ***	0.847 ***
	快乐的	0.856 ***	0.847 ***
购买意愿	我有购买有机葡萄酒的意愿	0.902 ***	0.885 ***
	我计划购买有机葡萄酒	0.891 ***	0.893 ***
	我愿意推荐他人购买有机葡萄酒	0.854 ***	0.862 ***
	我愿意为有机葡萄酒支付高于一般葡萄酒的价格	0.758 ***	0.834 ***

注：*** $p < 0.001$。

5.5.2　聚合效度分析

如表 5 – 14 所示，低产品熟悉度组和高产品熟悉度组的平均方差萃取 AVE 值全部大于0.5，组合信度 CR 值全部高于0.8，这说明本测量模型具有良好的聚合效度。

表 5 - 14 　　　　验证性因子分析模型 AVE 和 CR 指标结果

潜变量	低产品熟悉度组		高产品熟悉度组	
	平均方差萃取（AVE）	组合信度（CR）	平均方差萃取（AVE）	组合信度（CR）
健康意识	0.809	0.944	0.785	0.936
社会信任	0.600	0.880	0.617	0.889
积极情绪	0.771	0.944	0.764	0.942
购买意愿	0.722	0.912	0.754	0.924

5.5.3　区分效度分析

低产品熟悉度组测量模型的皮尔逊相关与 AVE 平方根值结果显示，4 个因子分别对应的 AVE 平方根值最小为 0.774，大于因子间相关系数的最大值 0.573，意味着该模型具有良好的区分效度。

高产品熟悉度组测量模型的皮尔逊相关与 AVE 平方根值结果显示，4 个因子分别对应的 AVE 平方根值最小为 0.786，大于因子间相关系数的最大值 0.547，说明该模型也具有良好的区分效度（见表 5 - 15）。

表 5 - 15 　　　　修正模型皮尔逊相关与 AVE 平方根值

组别	项目	健康意识	社会信任	积极情绪	购买意愿
低产品熟悉度组	健康意识	0.9			
	社会信任	0.526	0.774		
	积极情绪	0.573	0.415	0.878	
	购买意愿	0.524	0.406	0.544	0.85
高产品熟悉度组	健康意识	0.886			
	社会信任	0.402	0.786		
	积极情绪	0.4	0.298	0.874	
	购买意愿	0.547	0.493	0.453	0.868

注：斜对角数值为 AVE 平方根值。

5.5.4 结构效度分析

如表 5 - 16 所示，低产品熟悉度组的卡方自由度比值为 3.658，$RMSEA = 0.071$，$RFI = 0.934$，$CFI = 0.959$，$IFI = 0.959$，$NFI = 0.944$，$TLI = 0.951$。高产品熟悉度组的卡方自由度比值为 3.026，$RMSEA = 0.054$，$RFI = 0.951$，$CFI = 0.975$，$IFI = 0.975$，$NFI = 0.963$，$TLI = 0.967$。拟合指数均满足值要求，表明两个样本的模型均拟合良好，具有良好的结构效度。

表 5 - 16　　　低产品熟悉度组和高产品熟悉度组的模型拟合指标

指标	χ^2/df	$RMSEA$	RFI	CFI	IFI	NFI	TLI
低产品熟悉度组	3.658	0.071	0.934	0.959	0.959	0.944	0.951
高产品熟悉度组	3.026	0.054	0.951	0.975	0.975	0.963	0.967

5.5.5 测量等值检验

采用范登伯格和兰斯（Vandenberg and Lance，2000）建议的测量等值（measurement equality / invariance，ME/I）检验方法，检测低产品熟悉度组和高产品熟悉度组测量模型的等值性/不变性。

首先进行形态等值检测，应用不限制因子载荷、截距和误差方差的基线模型 M_1，进行两组样本中模型潜变量和显变量之间的形态等值检验。由测试产生的基线模型的拟合指数支持两组中因子结构的等效性（结构不变性）：$\chi^2 = 862.265$，$df = 258$，$RMSEA = 0.044$，$CFI = 0.968$，$PNFI = 0.720$。

其次通过约束两组样本群组模型的因子载荷形成嵌套模型 M_2，来进行因子载荷等值（单位等值）检验。嵌套模型 M_2 的拟合指数与基准模型 M_1 的拟合指数基本相等：$RMSEA = 0.042$，$CFI = 0.968$，$PNFI = 0.759$，略有改善，也有更高的自由度（272），但 χ^2 统计数据更差（874.230）。根据安德森和格宾（Anderson and Gerbing，1988）的建议，下面将以 χ^2 差异比较嵌套

模型 M_2 和基线模型 M_1：$\Delta df = 14$；$\Delta\chi^2 = 11.965$，查卡方自由度检验临界值表，得到 $\chi^2_{0.95,14} = 23.685$，$11.965 < 23.685$，因此，嵌套模型 M_2 的效果优于基线模型 M_1。

最后，在 M_2 的基础上进一步限制测量指标截距在组间是不变的，形成嵌套模型 M_3，来进行指标截距等值（尺度等值）检验。模型拟合统计量与前两个模型相似。M_3 具有最高自由度（290）和最高 $PNFI$（0.790），但 χ^2 统计量（1300.660）最差。$\Delta df = 18$；$\Delta\chi^2 = 426.43$，查卡方自由度检验临界值表，得到 $\chi^2_{0.95,18} = 28.87$，$426.43 > 28.87$（见表 5−17），说明嵌套模型 M_3 的拟合效果弱于嵌套模型 M_2。ME/I 测试支持检验模型是完全结构等值和单位等值的，即测量项的因子载荷在低熟悉度组和高熟悉度组之间是不变的。在确认测量等值的前提下，可以对两组结构路径进行比较。

表 5−17　　　　　低熟悉度和高熟悉度群体间的测量等值检验

模型	df	χ^2	$RMSEA$	TLI	CFI	NFI	IFI	RFI
M_1：形态等值	258	863.240	0.044	0.962	0.968	0.955	0.968	0.946
M_2：单位等值	272	874.230	0.042	0.960	0.968	0.954	0.968	0.942
M_3：尺度等值	290	1300.660	0.053	0.936	0.946	0.932	0.946	0.920
							Δdf	$\Delta\chi^2$
						$M_2\ versus\ M_1$	14	11.965
						$M_3\ versus\ M_2$	18	426.43 *

注：$*P < 0.1$。

5.6　结构模型和假设检验

运用 Amos25.0 同时对低产品熟悉度组和高产品熟悉度组的结构模型进行测试。发现拟合优度的统计值高于建议的临界值，其中，$\chi^2 = 863.240$，$df = 258$（$p < 0.001$），$RMSEA = 0.044$，$CFI = 0.968$，$NFI = 0.955$，$IFI = 0.968$，$RFI = 0.946$（见表 5−18），表明模型拟合效果良好。

表 5 - 18　　　　　　　　　　模型拟合指标

指标	df	χ^2	p	RMSEA	TLI	CFI	NFI	IFI	RFI
值	258	863.240	0.000	0.044	0.962	0.968	0.955	0.968	0.946

该结构方程模型在低产品熟悉度组和高产品熟悉度组的路径系数如表 5 - 19 所示。

表 5 - 19　假设模型的估计标准化系数（低产品熟悉度组和高产品熟悉度组）

DVs	IVs	标准化路径系数		假设
		低熟悉度	高熟悉度	
购买意愿	社会信任	0.113 ***	0.297 ***	H1(S*)
	健康意识	0.270 ***	0.363 ***	H2(S*)
	积极情绪	0.362 ***	0.231 ***	H3(S*)
积极情绪	社会信任	0.172 ***	0.167 **	H4(S*)
	健康意识	0.506 ***	0.346 ***	H5(S*)

注：** $P < 0.05$，*** $P < 0.001$，S^* 表示假设成立。

5.6.1　社会信任对购买意愿的影响

本书假设，社会信任正向影响消费者购买有机葡萄酒的意愿（假设 H1）。经模型检验，对低产品熟悉度组和高产品熟悉度组，该路径的标准化路径系数均大于零，分别为 0.113 和 0.297，且均在 0.001 水平上显著。因而说明中国消费者的社会信任会对其有机葡萄酒购买意愿产生显著的正向影响，由此推断出假设 H1 成立。

5.6.2　健康意识对购买意愿的影响

本书假设，中国消费者的健康意识正向影响其购买有机葡萄酒的意愿（假设 H2）。经模型检验，对低产品熟悉度组和高产品熟悉度组，该路径的标准化路径系数均大于零，分别为 0.270 和 0.363，且均在 0.001 水平上显著。因而说明中国消费者的健康意识会对其有机葡萄酒购买意愿产生显著的正向影响，由此推断出假设 H2 成立。

5.6.3　积极情绪对购买意愿的影响

本书假设，中国消费者对有机葡萄酒的积极情绪正向影响其有机葡萄酒购买意愿（假设 H3）。经模型检验，对低产品熟悉度组和高产品熟悉度组，该路径的标准化路径系数均大于零，分别为 0.362 和 0.231，且均在 0.001 水平上显著。因而说明中国消费者对有机葡萄酒的积极情绪会对其有机葡萄酒购买意愿产生显著的正向影响，由此推断出假设 H3 成立。

5.6.4　社会信任对积极情绪的影响

本书假设，中国消费者的社会信任正向影响其对有机葡萄酒的积极情绪（假设 H4）。经模型检验，对低产品熟悉度组和高产品熟悉度组，该路径的标准化路径系数均大于零，分别为 0.172 和 0.167，分别在 0.001 和 0.05 水平上显著。因而说明中国消费者的社会信任对其有机葡萄酒积极情绪会产生显著的正向影响，由此推断出假设 H4 成立。

5.6.5　健康意识对积极情绪的影响

本书假设，中国消费者的健康意识正向影响其对有机葡萄酒的积极情绪（假设 H5）。经模型检验，对低产品熟悉度组和高产品熟悉度组，该路径的标准化路径系数均大于零，分别为 0.506 和 0.346，均在 0.001 水平上显著。因而说明中国消费者的健康意识对其有机葡萄酒积极情绪会产生显著的正向影响，由此推断出假设 H5 成立。

5.6.6　产品熟悉度对社会信任与购买意愿关系路径的调节作用

本书假设，对于产品熟悉度高的中国消费者来说，社会信任对其有机葡

萄酒购买意愿的正向影响强于产品熟悉度低的消费者（假设 H6a）。由表 5 -
20 可知，对于消费者的社会信任与有机葡萄酒购买意愿之间的正向关系，高
熟悉度消费者强于低熟悉程度的消费者，但 P 值为 0.114，大于 0.1，因此
该差异无统计学意义，说明结果不支持原假设，由此推断出假设 H6a 不
成立。

5.6.7　产品熟悉度对健康意识与购买意愿关系路径的调节作用

本书假设，对于产品熟悉度高的中国消费者来说，健康意识对消费者有
机葡萄酒购买意愿的正向影响强于产品熟悉度低的消费者（假设 H6b）。由
表 5 -20 可知，消费者健康意识和购买意愿在低熟悉度和高熟悉度群体之间
存在显著差异（$\Delta \chi^2 = 5.683$，$p < 0.05$），因此说明高熟悉度组的健康意识对
其购买意愿的影响要强于低熟悉度组，由此推断出假设 H6b 成立。

表 5 -20　　　低熟悉度和高熟悉度群体间的结构路径和潜均值比较

路径	$\triangle X^2$	$\triangle df$	P 值	假设
社会信任—购买意愿	2.497	1	0.114	H6a(NS*)
健康意识—购买意愿	5.683	1	0.017	H6b(S*)
积极情绪—购买意愿	24.508	1	0.000	H6c(S*)
健康意识	0.056	0.064	0.379	否
积极情绪	0.346	0.069	***	是
社会信任	0.483	0.067	***	是
购买意愿	0.938	0.07	***	是

注：S* 表示支持的假设；NS* 表示不支持的假设。潜在平均差+ 是由高熟悉度组减去低熟悉度
组计算出来的，因此，正值表示高熟悉度组得分较高。

5.6.8　产品熟悉度对积极情绪与购买意愿关系路径的调节作用

本书假设，对于产品熟悉度高的消费者来说，积极情绪对消费者购买有机

葡萄酒的意愿的正向影响弱于产品熟悉度低的消费者（假设 H6c）。由表 5 – 20 可知，在消费者积极情绪与有机葡萄酒购买意愿之间的关系中，低熟悉度组和高熟悉度组之间存在着显著差异（$\Delta\chi^2 = 24.508$，$p < 0.001$）。特别是低熟悉度组样本中积极情绪对于消费者购买意愿的正向影响明显强于高熟悉度组的样本，这为假设 H6c 提供了证据，由此推断假设 H6c 成立。

以上研究结果表明，产品熟悉度较高的消费者具有从认知角度评价有机葡萄酒的能力，减少了购买决策时的情绪依赖。

尽管没有明确提出产品熟悉度对消费者购买评价（认知评价和情绪评价）和购买决策的影响，但高熟悉度组和低熟悉度组在消费情绪、社会信任和购买意愿等方面存在显著差异。与产品熟悉度低的消费者相比，产品熟悉度高的消费者对社会机构的信任度更高，对有机葡萄酒表现出更积极的情绪和更强的购买意愿，尽管在统计学上没有显著差异，但这类群体具有更高的健康意识。

5.7 研究结果讨论

5.7.1 结论

葡萄酒消费的快速增长为葡萄酒旅游目的地和葡萄酒产区进入我国葡萄酒市场提供了前所未有的机遇（Pforr and Phau，2018）。作为世界第二大经济体，中国消费者的食品和饮品预算不断增加。本书旨在探讨中国消费者对有机葡萄酒的认知评估（健康意识，社会信任）、情感反应（积极情绪）与购买意愿之间的关系。了解消费者对有机葡萄酒的消费意愿，不仅对葡萄酒行业扩大市场份额、实施可持续发展路径至关重要，而且为酒店业食品和葡萄酒经营组合的多元化提供重要的营销参考。

本书以情绪认知评价理论为理论框架，探讨中国消费者的社会信任和健康意识对于有机葡萄酒的积极情绪和购买意愿的影响，并进一步论证产品熟悉度对消费者购买决策的调节作用。本书发现，中国消费者的社会信任和健康意识对于消费者对有机葡萄酒的积极情绪和购买意愿均有显著的正向影响，消费者对有机葡萄酒的积极情绪也会显著正向影响其购买意愿。产品熟悉度对消费者健康意识与有机葡萄酒购买意愿关系路径的调节作用显著，产品熟悉度对消费者对有机葡萄酒的积极情绪与购买意愿关系路径的调节作用显著。

5.7.2　讨论

5.7.2.1　中国消费者有机葡萄酒消费决策的"认知＋信任—情绪"驱动

葡萄酒被认为是放纵和享乐主义的象征，有机农业和有机酿酒的出现使消费者在追寻健康、可持续生活理念的同时，实现饮食和饮酒的乐趣。与前人研究（如 Aertsens，Verbeke et al.，2009；Michaelidou and Hassan，2008）一致，该研究发现，消费者的健康意识是有机葡萄酒消费的主要驱动力，具有较高健康意识的消费者更愿意选择有健康标签的有机葡萄酒。同时，研究证实了社会信任对预测有机葡萄酒消费的重要性。社会信任度越高的消费者对有机葡萄酒的购买意愿越高，除了对公司的定向信任外，消费者对社会系统的普遍信任为正在进行的业务交流奠定了基础（Nannestad，2008；Rothstein and Eek，2009）。

此外，研究结果证实了除认知外，积极情绪对消费者购买决策具有重要作用，消费情绪是消费者购买意愿的决定因素。与认知评估理论相一致（Bagozzi et al.，1999；Watson and Spence，2007），研究结果表明，消费者对各种机构的普遍信任（即社会信任）和健康意识是诱发积极情绪的先决条件，被唤起的积极情绪将激发更高的购买意愿。这一发现对于酒店业的餐饮经营尤为重要，因为酒店业的物质环境会激发消费者的积极情绪（Song and Qiu，2017）。研究表明，当餐厅使用有机食材时，除了潜在的健康益处外，

顾客还可通过有机餐饮感知到显著的享乐价值，极大地提高了用餐满意度
(Lu and Chi, 2018)。因此，消费者对有机葡萄酒的积极情绪很可能在餐厅、
全方位服务的酒店和酒吧等就餐环境中达到高峰。

5.7.2.2 中国消费者有机葡萄酒消费决策中的产品熟悉度调节效应

研究结果显示，对于不太熟悉有机葡萄酒的消费者来说，积极情绪会主
导决策过程；而对于熟悉产品的消费者来说，社会信任和健康意识是影响决
策的主要因素。因此，当顾客开始接触有机葡萄酒时，消费环境尤为重要，
酿酒厂和旅游目的地的餐饮景点应调整目标策略以适应中国有机葡萄酒市场
需求（例如游客的葡萄酒消费需求）。

本书通过分析消费者如何随着产品熟悉程度的提高实现从情感评价转向
认知评价，深化对于消费者行为决策过程的理解。在购买决策过程中，产品
熟悉度会改变信息输入的性质，是重要的调节因素。具体来说，对于积极情
绪与购买意愿之间的关联程度，产品熟悉程度较低的消费者明显强于对有机
葡萄酒熟悉的消费者。研究结果表明，消费者对产品的熟悉程度影响其健康
意识与购买意愿之间的关系，相比缺乏相关知识的消费者，健康意识对于拥
有足够产品知识且经验丰富的消费者的购买意愿具有显著影响。然而，在这
项研究中，未发现社会信任与购买意愿的关系在低熟悉度和高熟悉度群体之
间的显著差异。对于熟悉有机葡萄酒的消费者而言，社会信任对购买意愿的
影响程度更大，但是这种路径差异不具有统计意义，无法提供有意义的解
释。社会信任是一个一致而稳健的评估标准，在产品熟悉程度不同的消费者
进行有关有机葡萄酒消费的决策过程时，社会信任均会起到显著的影响
效能。

缺乏经验的消费者在进行有机葡萄酒购买决策过程中，较少关注健康意
识等认知评估，更多依赖情感信息，将积极情绪等情感反应和社会信任作为
购买决策的有效标准（Park and Lessig, 1981; Moreau, Lehmann and Mark-
man, 2001）。相反，熟悉有机葡萄酒的消费者会建立与产品相关的知识结构
（Park and Lessig, 1977; 1981），并从认知角度做出购买决策（Schmidt and

Spreng，1996），对他们而言，积极情绪只是增加其决策的可靠性和信心的手段，因此，健康意识和社会信任是影响经验丰富消费者购买决策的主要因素。

依据本书的结论，可针对不同消费群体制定营销策略，为不同类型的食品和葡萄酒销售管理者提供重要的经营指导。当有机葡萄酒通过饮料菜单展现时，服务人员可以根据顾客现有的知识调整促销策略，若顾客不熟悉有机葡萄酒，服务人员可以为顾客普及有机葡萄酒与传统葡萄酒的差异，强调饮用有机葡萄酒的乐趣、兴奋和新奇感，以激发积极情绪。为激发顾客的兴趣，餐厅可以推出搭配有机葡萄酒的特别菜单。食品服务经理应培训服务人员详细了解有机葡萄酒的酿造方法（如酿酒葡萄的有机耕作，以及酿酒过程不使用化学添加物等）和营养益处，对于经验丰富的顾客而言，可以激发其健康意识，从而购买有机葡萄酒。此外，研究结果还表明，社会信任是开拓市场的关键基础，与消费者对于有机葡萄酒的熟悉程度无关。因此，销售者（如餐厅、各种线上及线下葡萄酒商店）应重视葡萄酒供应商的诚信（如当地有机葡萄酒厂），以及积极参加提高社会信任度的各类认证。

5.8 本章小结

本章以中国消费者社会信任和健康意识为切入点，解释中国消费者对有机葡萄酒的积极情绪和购买意愿，形成一个"认知 + 信任—积极情绪—行为意愿"实证框架。并引入"葡萄酒熟悉度"概念作为调节变量，探讨日常饮用和偶尔饮用葡萄酒的消费者对于购买有机葡萄酒的偏好差异。

研究结果表明，中国消费者的社会信任、健康意识和积极情绪均对其有机葡萄酒购买意愿有显著的正向影响，而且消费者的社会信任和健康意识也均对其对有机葡萄酒的积极情绪有显著的正向影响。葡萄酒产品熟悉度对消费者健康意识与有机葡萄酒购买意愿关系路径、消费者对有机葡萄酒的积极情绪与购买意愿关系路径均有显著的调节作用。

本书拓展了新兴市场中影响消费者对有机葡萄酒购买决策决定因素的现有知识，并为目标市场中消费者内在的健康价值和社会信任制定营销策略提供现实意义，研究结果利于了解产品熟悉度的调节作用，通过调节积极情绪和健康意识对消费者购买有机葡萄酒意愿产生影响。

虽然取得上述成果，但本书仍存在局限性。如该研究仅限于衡量有机葡萄酒的购买意愿，而不是实际的购买行为，虽然这一方法在前人研究中已经被广泛使用，但对消费者真实购买行为的统计才是验证结果的最佳选择。

第6章

基于购买意愿影响因素的中国
有机葡萄酒产业发展对策建议

6.1　有机葡萄酒种植者

6.1.1　改良种植技术，控制生产过程

6.1.1.1　解决病虫害防治及有机肥供应问题，提高有机葡萄质量

基于消费群体的健康意识对有机葡萄酒购买意愿有显著影响，控制有机葡萄的供给质量是保证有机葡萄酒营养价值的关键。葡萄虽是一种适应性很强的多年生植物，但有机葡萄对于外部环境的要求比较严格，为保证有机葡萄酒的良好品质，使其健康价值名副其实，病虫害防治以及有机肥的供应是有机葡萄种植过程中亟待破解的难题。

就病虫害防治而言，选择原生态的种植区域尤为重要。我国西部地区夏季湿热，冬季严寒，年均日照时间长，有效积温为2800℃～3200℃，昼夜温差大，利于葡萄的糖分储存，葡萄品质较好。另外，西部地区远离城市，周围没有污染，发生大规模病虫害的可能性极小。种植者在种植管理过程中做好预防工作，利用太阳能频振式杀虫灯防治、农业防治、生物防治等现代化的绿控技术，便可有效避免病虫害的发生。

就有机肥供应而言，发展循环农业，将畜牧养殖与葡萄种植相结合，缓

和畜牧养殖带来的环境污染问题，同时保证有机葡萄生长所需的牛羊粪便等有机肥供给，实现复合生态系统中的养分循环。对于规模化的有机葡萄种植企业来说，可引进世界先进的微生物生态肥生产技术，以牛羊粪便和葡萄枝条为原料，氧化发酵成符合有机葡萄营养需求的生态肥。充分发挥生态肥具有高效营养、高效吸收、高效节水的优点，增加土壤中的有机质，优化土壤结构，实现资源和环境的可持续发展，并始终保证有机葡萄的品质及营养价值。

6.1.1.2 创新种植模式，控制有机葡萄生产过程

消费者对有机葡萄酒的社会信任是影响其购买意愿的重要因素，有效控制有机葡萄的生产过程、保证葡萄的质量安全是树立信任的基础。长期以来，中国葡萄种植模式比较传统，采用订单收购模式。这种模式中酿造企业、销售企业与果农之间只是单纯的交易关系，无法参与或控制果农的生产过程，土地、苗木、各种生产投入、种植过程都由农户掌握。订单收购模式存在明显的弊端，如果农户为了增加产量、收入，减少用工成本，可能会使用农药、化肥、化学除草剂等。倡导行业自律难以避免农药化肥的使用混乱，更难以确保有机葡萄的质量，使得诸多酒厂从根本上很难进行有机认证，更难以与消费者建立信任桥梁。

基于传统模式难以控制有机葡萄生产过程的弊端，现阶段有机葡萄的种植可采用自有基地管理模式，即酿造企业收购或建设自有种植基地，控制有机种植的土地、苗木、水电、生态肥、种植技术等。公司根据标准种植有机葡萄，并根据酿造需要，确定有机葡萄数量和质量，支付相应薪酬聘请专业果农参与种植。这种模式可以实现果农与企业的紧密结合，既有利于保障果农的稳定收益，同时使种植过程规范化、标准化，确保了有机葡萄酒的原料品质，更保证了有机葡萄酒的健康和营养价值。

6.1.2 加大营销力度，激发顾客好感

对于普通消费者来说，有机葡萄酒相较于一般葡萄酒更加陌生。前文研

究证明，产品熟悉度对消费者健康意识与有机葡萄酒购买意愿关系路径的调节作用显著，对于消费者对有机葡萄酒的积极情绪与购买意愿关系路径的调节作用也很显著。因此，有机葡萄种植作为有机葡萄酒生产的起始阶段，应该加强营销，让消费者了解有机葡萄酒的健康价值、生态友好的特征、文化要素等，提高消费者对有机葡萄酒的熟悉度，并促使消费者对有机葡萄酒产生良好态度和情绪。

鉴于有机葡萄种植阶段营销的效果可能不明显，因此可将其营销费用尽可能降低。自媒体时代带来的营销手段具有成本低、周期短的特点，是种植企业或果农可选择的最优营销方式。在具体的自媒体营销中，可依托有机葡萄等生物资源，利用抖音、快手、微信、微博等社交媒体，向外展示有机葡萄的种植和采摘过程，拉近有机葡萄酒与消费者之间的距离，丰富消费者对有机葡萄酒的认知，增强消费者对有机葡萄酒原料品质的信任，以影响其购买意愿。

从激发消费者积极情绪的角度看，自媒体营销可有效展现有机葡萄酒生态友好的典型特征，从而激发消费者的好感。有机葡萄的种植过程中，不允许杀菌剂和除草剂的存在，避免了对土地、水体的污染，有助于增加生物多样性，抑制病虫害，增加氮循环，减少流失，改善土壤结构等，帮助实现资源和环境的可持续发展。基于现代人不断强化的环保意识，以生态友好为重点开展自媒体营销，将有效激发消费者的积极情绪，美化有机葡萄酒的品牌形象。

6.1.3 融合旅游产业，助力产业升级

对于不熟悉有机葡萄酒的消费者，积极情绪将主导其决策过程。鉴于积极情绪对于有机葡萄酒购买意愿的影响，采取与消费者互动的方式激发消费者的情感。除营销外，发展有机葡萄观光休闲旅游也有助于消费者产生积极情绪。鼓励果农和企业以有机葡萄为特色产业带动旅游发展，让有机葡萄搭上"旅游快车"，吸引消费者前来观光体验。设计有机葡萄观光项目、采摘

体验项目、有机葡萄认养计划等，增加消费者与有机葡萄酒的情感寄托。

　　基于消费者对葡萄酒文化的愈加好奇，有机葡萄主题旅游也适应着消费者对有机葡萄酒产区的旅游需求和文化向往。这种旅游和文化需求实质上是消费者对于有机葡萄酒象征价值的追求，从这个角度看，打造有机葡萄酒品牌产区，有利于塑造和提升有机葡萄酒象征价值，对于中国有机葡萄酒产业发展具有重要意义。

6.2　有机葡萄酒酿造者

6.2.1　规范生产过程，革新酿酒工艺

6.2.1.1　严控生产环节

有机葡萄酒与非有机葡萄酒酿造过程的区别在于：有机葡萄酒特别注意天然酵母的使用、过滤和澄清办法；在酿酒过程中不能使用化学添加剂；盛酒器具也有严格要求，不能使用塑料瓶、聚乙烯等材料。绿色健康的原料以及酿造工艺使得有机葡萄酒的健康和营养价值更高，味道更加纯正。酿造企业应该通过严控酿造生产环节，凸显出有机葡萄酒的优势。

　　就生产过程而言，企业应该严格规范有机葡萄酒酿造的整个过程，按照标准把控好原料品质、酵母选择、澄清过滤流程、各生产节点的时间等。针对不同环节生产出的产品形态，制定严于国家标准的企业内控标准，做到标准的全覆盖，保证每个环节和每个过程都有据可依，确保有机葡萄绿色健康，同时增强消费者对有机葡萄酒的信任。

　　就企业员工而言，建立完善的培训体系，将各种管理、技能培训、质量意识作为培训内容，以新老员工为培训对象，通过各种途径、多种方式给员工灌输品质和诚信是企业生命的观念，提高员工的综合素质。建立完善的奖惩机制，针对具体环节、具体工序的失误和质量问题，制定相应的奖罚办

法，避免出现食品安全问题。

6.2.1.2　增加技术和设备投资

在规范有机葡萄酒生产过程之余，还须不断革新酿酒工艺。我国的有机葡萄酒酿造技术虽有很大进步，但是总体上距西方国家仍有差距。现实而言，我国有机葡萄酒的酿造在二氧化硫管理技术和葡萄酒日常管理技术上存在较大阻碍，酿造企业可从设备引进和工艺创新两个角度进行突破。在设备方面，从有机葡萄酒发展较好的法国、意大利、德国等国引入国际先进的前加工设备、新式发酵罐、过滤设备、灌装设备，并引入与之配套的高效液相色谱、气相色谱、原子吸收分光光度仪等先进的检测仪器，保证各种检测数据的精确性。使企业各类设备达到国际先进水平，突破设备上的瓶颈。在工艺创新方面，通过与国外优秀酒庄交流沟通，学习先进经验，另外，重视自我创新。与科研机构、高校实验室等合作，定向培养葡萄酒产业方面的人才，将酒庄或者酿酒厂作为学生创新基地；鼓励企业建立国家级和省级工程技术（研究）中心、重点实验室，加快新产品、新技术的研发，努力降低生产成本，以增加营销支出，提高有机葡萄酒的知名度与影响力，扩大市场竞争力。

6.2.2　完成有机认证，加强品牌建设

在鱼龙混杂的市场环境中，消费者对于有机葡萄酒知之甚少，认知仅停留于概念上的了解，难以将有机葡萄酒与一般葡萄酒区别开来，更难以分辨有机葡萄酒的品质好坏。基于消费者对有机葡萄酒的认知度和熟悉度都较低，酿造商可通过加强有机认证和品牌建设，使有机葡萄酒脱颖而出。

在有机认证上，不同国家的有机葡萄酒认证标准和标志均不同，并且彼此之间不能互认，因此葡萄酒酿造商可结合产品的市场定位，有针对性地选择合适的有机认证。目前市场上比较被认可的认证标志有中绿华夏有机认证、欧盟有机认证和美国有机认证等。若有机葡萄酒酿造企业将市场定位于

国内和欧洲市场，应该完成欧盟有机认证和中绿华夏有机认证。在认证过程中，企业应该明确各认证机构对有机葡萄酒的具体要求，如企业申请中绿华夏有机认证，需要对有机葡萄酒的产地、生产、加工、销售等环节严格评估，每一环节均不能被检测出任何禁用物质残留；申请欧盟有机认证，应保证酿造所用葡萄为有机种植，所有添加剂都是有机的，无转基因或其他违禁成分；申请美国有机认证，须保证葡萄生长土壤至少三年以上没有使用过化学合成物质，葡萄生长过程中没有使用化肥、杀虫剂等。通过在有机葡萄酒上加入认证标签，使消费者更易识别，并放心购买。有机葡萄酒酿造企业可瞄准国际市场，积极完成欧盟有机认证和美国有机认证，出口至有机葡萄酒销售额增长较快的欧美市场。

在打造有机葡萄酒品牌上，坚持龙头化、高端化的原则，塑造有机葡萄酒的品牌价值；利用大品牌、大单品对接主流消费者，增加品牌的知名度；在品牌竞争中，坚持差异化的竞争战略，丰富有机葡萄酒的产品体系，推出各种主题的系列单品，满足不同消费群体的个性化需求；传递有机葡萄酒的健康养生文化，重视与"80 后""90 后"年轻养生群体的互动，增加品牌活力。

6.2.3 扩大销售渠道，加大营销力度

目前，有机葡萄酒的市场扩展和营销力度均有较大的提升空间，酿造企业应从提高知名度，构建品牌体系入手，增加产品象征价值，增加有机葡萄酒的文化符号，满足消费者"面子"观和社交需求。具体而言，酿造企业可从扩大销售渠道、加大营销力度两个方面提高产品知名度和竞争优势。

就销售渠道而言，企业须规划合理的销售渠道和网点，保证布局的稳定性和全面性。在线下销售方面，保证各个省份各个地市至少有一家经销商的原则。在重点区域市场，选择合适的经销商，重视查看经销商的经济实力和营销实力，对于有机葡萄酒的认知和认同程度，以及愿意抽出多少精力和资源用在有机葡萄酒品牌运作上，经过判断筛选出优质经销商。鉴于有机葡萄

酒的价格等因素，重点选择规格较高的酒店、饭店、商场、超市等，将烟酒类专卖店和中小商超铺货作为机会市场布点，根据具体市场确定合理的产品数量，主次分明，合理增加经销商数量。就线上销售而言，与天猫超市、京东超市等电商平台建立合作，或申请线上商店，确保电商平台上商品供给充足，方便消费者购买。

在宣传营销时，明确市场定位，以健康、养生等为主题，倡导一种科学、健康、自然、时尚的生活方式，迎合消费的新风向。从宣传方式、媒介选择、方案策划、广告创意等方面整合资源，吸引消费者的注目。针对智能终端，制作短视频、微信公众号文章、地铁宣传片等，方便消费者利用碎片时间进行阅读浏览，增加大众对有机葡萄酒的认知。企业可带着有机葡萄酒产品参加葡萄酒行业的会展活动、文化交流大会、品鉴活动等，增加在同行业的曝光度。

6.2.4　营造文化氛围，发展主题旅游

随着大众消费水平的提高，对于葡萄酒文化更加感兴趣，在品尝有机葡萄酒之余，期望寻求更深层次的文化追求，因此十分青睐葡萄酒相关的旅游体验产品。有机葡萄酒可依托酒庄，致力于营造浓厚的葡萄酒文化氛围，发展葡萄酒主题的工业旅游，打破原来"冰冷机械"的刻板印象，通过工业＋旅游，让消费者感受到有机葡萄酒的"温度"。

葡萄酒文化是历史的、地理的，是风土人情，是传统习俗，是生活方式，是宗教信仰，是文学艺术，是规范，是律法，是制度，是思维方式，是价值观念，是餐饮的审美情趣，也是诸多人的精神需求。葡萄酒文化涵盖所有的工具，如酒刀、酒杯、醒酒器等。围绕着有机葡萄酒的文化，酿造企业在发展工业旅游时，应重视文化细节及场景营造，将葡萄酒文化融入建筑、基础设施、酒窖、器具中。在文化建设上，重视创意与设计感，以轻装修、重装饰、分阶段投资，杜绝重资产为原则，尽量就地取材，将酒瓶、酒坛、酿造器材等废物充分利用，变废为宝，彰显文化价值，尽可能向消费者展现

真实的酒庄。

在有机葡萄酒工业旅游项目规划中，设计酒庄及酒窖参观、有机葡萄酒品鉴、研学课堂等项目，通过酒庄旅游的强场景化刺激消费者，精准地将消费者需求转化为企业的销量。深度融合场景、体验、社交、销售、服务、交易等，将有机葡萄酒工业旅游地打造成吸引消费者观光、研学、娱乐、消费的"独立流量"。

6.3　有机葡萄酒销售商

6.3.1　重视企业诚信，提高社会信任

诚信是现代市场经济原则的核心元素，缺乏诚信，消费者便会对市场产生信任危机。这对于行业的发展是十分致命的，尤其是对有机葡萄酒行业。销售商作为产品和消费者之间的重要桥梁，直接接触供应商与消费者，有查看供应商是否诚信的权利，也有保证其自身销售过程诚信的义务。因此，销售商在采购有机葡萄酒时，应该严格把关供应商的资质、产品和诚信等，确保供应商有生产资质、有机葡萄酒产品经过有机认证、有机葡萄酒品质优良。对于不诚信的有机葡萄酒供应商，应及时向有关部门举报，保障消费者权益，同时避免自身利益受到损失。在销售产品时，应保持诚信，与消费者建立信任的桥梁。

6.3.2　明确市场定位，制定产品策略

6.3.2.1　中小型烟酒商：做好市场调研，选择合适产品

中小型烟酒商在售卖有机葡萄酒前，应做好充分的调研工作。一方面，做好有机葡萄酒供给端的产品调研。了解有机葡萄酒的产地、质量、品牌、

认证等情况，掌握有机葡萄酒生产的全过程、历史文化以及营养价值等方面的信息，以便经销商在提供服务时，可以根据消费者认知层次，有针对性地进行介绍。另一方面，重视有机葡萄酒需求端的客户调研。通过日常的观察、聊天等方式，了解到店消费者的消费水平、口味偏好、对有机葡萄酒的认知程度和情感态度等。在明确有机葡萄酒供需两端的情况后，匹配消费者的收入、消费偏好、认知等，选择合适的有机葡萄酒产品，循序渐进地进行销售，并稳步拓展新的消费市场。

6.3.2.2　大型商超：丰富产品结构，确定主推产品

对于大型商超而言，消费者数量众多，消费需求、消费层次、消费水平各有不同。因此，大型商超的有机葡萄酒产品线应该覆盖全价位，高、中、低价位的产品都要具备。不同的消费群体选择不同价位的产品，层级分明，结构清晰。另外，消费的多元化使得各种品类的有机葡萄酒都有生存空间，经销商应该时刻关注本区域品类消费的变化方向，及时补充畅销品类和新品类。

追求有机葡萄酒产品结构合理、品类齐全时，也要确定销售重点，即确定主推产品。大型商超的人力资源有限，不可能将所有有机葡萄酒产品都作为销售重点，因此，大型商超可聚焦资源，主推其中几款产品。在综合考量有机葡萄酒生产商的品牌实力、产品品质以及合作关系后，确定主推的有机葡萄酒产品，在区域进行重点布局和运作，分配专业的销售员在有机葡萄酒货架所在区域宣传促销，为消费者推荐，提高销量和利润，其他有机葡萄酒产品作为主推产品的有效补充。

6.3.2.3　餐厅酒店：面向中高端人群，重视产品及服务

在餐厅、酒店中，有机葡萄酒被消费者即时品尝，并且须配套相关的餐饮服务。因此，相较于烟酒行和大型商超等，餐厅和酒店的目标市场主要集中于中高端市场，销售有机葡萄酒时应兼顾产品设计和服务提升。在有机葡萄酒产品选择上，注意选择中高端品牌的有机葡萄酒，追求有机葡萄酒的高品

质、口感和象征价值，满足消费者对有机葡萄酒的价值追求以及其社交需求。

基于熟悉度在积极情绪与有机葡萄酒购买意愿之间的调节作用，以及其在社会信任和健康意识与购买意愿之间的调节作用，餐厅酒店等销售商在对顾客的服务中，应根据消费者对有机葡萄酒的熟悉度灵活调整促销策略。若消费者不了解有机葡萄酒，服务人员可以普及有机葡萄酒与传统葡萄酒的不同之处，强调其生产酿造过程中的生态友好性等，激发消费者对有机葡萄酒的好奇、兴奋、好感等积极情感。除此以外，餐厅或酒店可以设计有机葡萄酒的个性化菜单，以激发消费者的兴趣。若消费者对有机葡萄酒比较了解，服务人员可从营养价值、酿造过程等方面介绍有机葡萄酒，激发消费者的健康意识，促使消费者购买并饮用有机葡萄酒。另外，餐厅酒店等销售商应该对服务人员进行系统的培训，使服务人员熟悉有机葡萄酒的知识，具有灵活的促销技巧。除提供个性化的服务和菜单外，餐厅和酒店可致力于消费场景的打造。因为良好的消费场景可使消费者的积极情绪最大化，所以餐厅和酒店应该配套相关的环境设施，设置优雅的背景音乐，营造良好的用餐氛围，激发其消费欲望，并提高其消费满意度。

6.3.2.4 电商：丰富产品展现方式，参与电商促销活动

有机葡萄酒电商相较于线下商店，具有开放、高效、运营成本低的特点，更适应我国消费结构的改变。有机葡萄酒电商发展时，可丰富有机葡萄酒的线上展现方式，例如，制作有机葡萄酒产地、原料种植、生产等内容的视频，拍摄相关的图片等，通过图片和视频的展现方式激发消费者的兴趣，资本雄厚的电商可借助 VR 技术给予消费者直观感受。值得重视的是，在图片展示中，应凸显有机葡萄酒的认证标志，增加消费者对有机葡萄酒的信任。在产品销售策略上，依托淘宝、京东等交易平台，积极参加"双十一""天猫年货节""京东 618"等促销活动，增加有机葡萄酒产品的人气。此外，可根据消费者线上搜索记录，在电商平台的首页将有机葡萄酒产品精准地推送给消费者，增加消费者购买有机葡萄酒的几率。

6.3.3　转变销售模式，拓展产品市场

目前有机葡萄酒的销售方式呈现高度同质化的特点，经销商大多利用自己的人脉进行关系营销，或通过赠酒、活动赞助等方式拉动消费，刺激企业团购销量，但这些方式的效率随着外部政策及经济环境的改变而降低。因此，销售模式的转变对于销售商十分必要。基于有机葡萄酒的文化符号对消费者的影响作用，销售商可依托于葡萄酒的浪漫、高档、社交的文化内涵，积极掌握红白喜事、高端会议的销售链条，将有机葡萄酒搭配其他酒水、菜品、礼盒等，形成高性价比的搭配组合，打好产品组合拳，抢占和拓展有机葡萄酒市场。基于"面子"观对于消费者购买有机葡萄酒的影响作用，开通有机葡萄酒会员积分活动，提供有价值的会员服务，如为消费者提供有机葡萄酒配餐、藏酒、代购、免费配送等多元化服务，鼓励中高端人群积极加入会员，提高其自我满足感和对有机葡萄酒的消费忠诚度。

6.3.4　厂商运营合作，创新营销方式

有机葡萄酒产业前景广阔，但目前其发展仍处于起步阶段，需要酿造商和销售商的通力合作，厂家做营，商家做销，厂商协同，共同开拓市场。酿造商提供持续的"策略流"，帮助和指导销售商做好区域市场的运作。销售商配合酿造商做好产品销售、营销策划、售后服务等工作，实现信息畅通，协同发展。值得注意的是，销售商在选择酿造商时，应该区别其运营模式是贸易商还是品牌运营商，尽量选择品牌运营商合作，因为品牌运营商相较于贸易商，更关注市场、品牌和长远利益，其产品质量、企业信誉等更有保证。

厂商合作运营不仅要表现在市场运作上，也需要表现在营销上的创新。除了传统的营销外，销售商在供应商的支持下，与 B 站粉丝数量多的美食区

UP 主合作，提供给免费的有机葡萄酒，请其帮忙测评产品，带领消费者了解有机葡萄酒，同时挖掘潜在客户；与网络红人合作，通过微博直播推荐有机葡萄酒，并在直播间发送有机葡萄酒产品优惠券，促使消费者购买有机葡萄酒，在条件允许的情况下，可通过购买微博热搜，提高关注度。通过测评、网红推荐、微博热搜等营销方式，拉近有机葡萄酒与消费者之间的距离，增加消费者信任和好奇情感，同时提升品牌的知名度。

6.4　行业管理者

6.4.1　加强认证管理，监督规范市场

有机葡萄酒的安全、绿色、健康等特征吸引着消费者的注意，但是其品质和真伪同样是消费者关注的问题。有机认证是区分有机葡萄酒和普通葡萄酒的重要标志，也是消费者辨认有机葡萄酒的唯一方式。葡萄酒市场鱼龙混杂，有机认证的可信度逐渐被消费者所怀疑，甚至成为消费者购买有机葡萄酒的阻碍。而目前有机葡萄酒的认证检查确实存在较多问题，在统筹管理方式方面，认证机构规模不等、背景不一、政出多门、认证员执行标准差异性大；在认证环节上，有机葡萄酒从土地到餐桌产业链长、工序复杂，有时难以对有机食品生产实行真正地全程监测。此外，部分有机葡萄酒生产企业出现诚信问题，认证过程中作假，使得有机认证的可信度大打折扣。

基于葡萄酒有机认证的混乱，行业应该统一有机葡萄酒的认证机构和认证标准，避免政出多门造成的监管漏洞；加大现行有关标准的实施力度，依托于现代科技手段，监察有机葡萄酒从土地到餐桌的各个环节，提高有机认证的效率和准确性，保证有机认证的可信度；督促认证机构严格按照规定开展认证活动，严肃查处认证机构监督不力等违规情况，维护葡萄酒有机认证的行业秩序。对于有机葡萄酒厂商，加强社会诚信体系建设，培养企业的行业自律，持续加大执法检查力度，对于以假乱真的葡萄

酒厂商，加大惩罚力度。通过对有机认证机构、认证标准、认证环节、认证人员以及企业的监督管理，保证有机葡萄酒行业的规范发展，提高有机认证标志的权威性。

6.4.2　加大扶持力度，打造品牌产区

6.4.2.1　宏观规划有机葡萄酒特色产区

政府积极寻找理想的有机葡萄酒种植区域，通过对土壤、气候、环境等进行检测分析，确定合适的种植区域，规划并设计葡萄酒特色产区，实现原料种植合理布局。奖励有机葡萄酒企业自建或与专业合作社、种植大户在特色产区内共建基地，鼓励社会能人利用土地流转政策成立专业种植公司或种植合作社，逐步淘汰不易规范化管理的散户种植模式，紧密生产与种植的连接。对新建、改造达到相应标准和规模的酿酒葡萄种植基地，特别是企业自营基地，给予相应的奖励，充分保护种植户的积极性。通过打造特色产区的方式，培育出多个优秀小产区，实现有机葡萄酒原料优质化，为葡萄酒产品品质化、多样化、个性化奠定基础。

6.4.2.2　积极培育国内有机葡萄酒自主品牌

整合现有资源，构建公共平台，解决产业发展中的共性技术问题。调动企业研发创新的积极性，鼓励企业建立国家级和省级工程技术（研究）中心、重点实验室，加快新产品、新技术的研发。制定人才培养引进计划，发挥高等院校的学术优势，定向培养葡萄酒产业方面的人才，政府再通过政策引导和资金支持，保证有机葡萄酒品牌建设所需的技术、人才和资金。在具体的品牌建设中，突出区域化和特色化，各区域差异化协同发展，使不同的有机葡萄酒具有独特的文化底蕴，呈现出结构美、个性美、风味美和意境美的特征，吸引中国乃至世界的消费者。产业发展初期，积极培育壮大一批有自主品牌、自主知识产权、有市场前景和较强竞争力的创新型特色企业，形

成大型企业、中小企业相互补充协同发展的良好局面。

6.4.2.3　打造世界优质有机葡萄酒产区

坚持政府引导和市场运作相结合，以打造世界优质葡萄酒产区为目标，合并空间上距离较近的有机葡萄酒产区，协调统筹规模化发展。大力发展有机葡萄酒庄园经济，规范扶持小酒堡建设，率先与旅游、文化、康养等产业融合发展，促进一、二、三产业互动集聚，全面提升有机葡萄酒产业整体品牌形象，推动产业良性发展。完善基础设施，优化酒庄周边环境，制定落实扶持奖励政策，吸引更多投资者投资建设有机葡萄酒庄。从品种、风格、类型等多方面用力，帮扶各个酒庄凸显特色，避免同质化竞争，打造全国乃至全球知名的有机葡萄酒产区，提高我国有机葡萄酒的社交价值、符号价值，从而影响消费者的购买意愿。

6.4.3　普及产业知识，引导正确消费

中国葡萄以及葡萄酒的历史几乎与人类的文明是同步发展的，但是由于中国葡萄酒的工业化生产起步较晚，葡萄酒的酿造技术落后于西方国家，使得中国并未形成成熟的葡萄酒消费习惯和社会风尚，也没有形成一个良好的葡萄酒文化氛围和饮用氛围。有机葡萄酒产业作为葡萄酒产业的一部分，其发展并未受到社会的广泛关注，大部分消费者缺乏对有机葡萄酒的正确认识，对于有机葡萄酒的概念、有机认证、营养价值等均不太了解。为引导国人正确消费有机葡萄酒，需要整个有机葡萄酒行业的通力宣传。通过权威机构背书，客观宣传有机葡萄酒的作用，积极介绍有机葡萄酒的辨别方式以及认证标志，提高消费者的辨别能力。利用社交媒体、短视频平台、新闻媒体、综艺节目、纪录片等大力宣传有机葡萄酒文化，包括葡萄酒佐餐、饮用方式和礼仪等，使消费者更好地享受有机葡萄酒，并逐渐使我国成为葡萄酒文化气息浓郁的国家。

6.5　本章小结

　　本章基于定量研究得到的结论，结合有机葡萄酒产业发展中存在的问题，从有机葡萄酒种植者、酿造者、销售商、行业管理者四个维度分别提出管理建议。

　　在有机葡萄酒种植者管理建议中，围绕种植技术、种植过程、营销、产业升级等方面，以提高有机葡萄酒的健康价值、激发消费者的好感和信任、密切产品与消费者之间的互动、满足消费者的葡萄酒文化需求为目的，提出改良种植技术和过程、加大营销力度、重视产业升级等措施。

　　就有机葡萄酒酿造商而言，首先，企业可通过规范生产过程，积极完成有机认证来树立诚信的形象；其次，不断革新生产工艺，提高有机葡萄酒品质，加强品牌建设，提高有机葡萄酒的符号价值、社交价值等，迎合消费者的面子观；再通过扩大销售渠道，加大营销力度，提高有机葡萄酒的知名度，扩大市场份额；最后，通过营造文化氛围，积极发展工业旅游，增加有机葡萄酒与消费者的情感寄托，激发消费者的积极情绪。

　　有机葡萄酒销售商作为供应商与消费者之间的连接，对于有机葡萄酒产业发展具有重要意义。因此，本书首先提出销售商应该严控供应商的产品质量，保证供应商具有生产资质，确保产品经过有机认证，对消费者负责任。其次，将有机葡萄酒的销售商分为中小烟酒行、大型商超、餐厅酒店、线上商店四种类型，对不同类型的销售商分别制定产品销售策略。之后，基于消费者对有机葡萄酒文化符号愈加关注，鼓励销售商转变销售模式，拓展产品市场；最后，提出厂家和商家在运营以及营销方面通力合作，致力于品牌打造和市场开拓。

　　行业管理者是有机葡萄酒产业发展的重要保障。目前而言，有机葡萄酒市场存在一定程度上的混乱，行业管理者应该加强认证管理和行业监督，确保市场上流通的有机葡萄酒认证合格、品质优良。就产业未来的发展而言，行业管理者应该加大对有机葡萄酒企业的扶持力度，重视特色产区的规划和品牌的培育，助力打造中国乃至世界范围内的优秀产区。最后，针对消费群体对于有机葡萄酒了解程度低、国内饮用有机葡萄酒氛围不浓厚的问题，鼓励行业管理者邀请专家、权威机构背书，普及有机葡萄酒相关知识，引导大众消费有机葡萄酒。

第 7 章

研究结论与研究展望

7.1 研究结论

本书从理性行为理论和情绪的认知评价理论两个不同的视角，对中国消费者有机葡萄酒购买决策及其影响因素进行了两个分研究。主要结论如下：

7.1.1 基于理性行为理论的分研究

（1）构建了一个简化的"认知＋情感—态度—行为意向"模型。首先以理性行为理论为基础假设，对认知评估和消费者态度及行为意向的关系进行文献梳理，从中国消费情境视角出发，分析中国消费者在葡萄酒消费中存在的独特关键价值认知（健康价值与象征价值）与态度和行为意向存在的关系。其次，根据"情感即信息"假设，积极的情感评价进一步帮助消费者形成购买决策，提出情感评价对消费者态度和行为意向的影响路径。最后，构建出中国消费者有机葡萄酒购买意愿的"认知＋情感—态度—行为意向"模型。

（2）选取总样本的30%（$n=522$）进行探索性因子分析，采用直接 Oblimin 斜交旋转因子分析法（Hair et al.，2010），对样本进行共同性检验和因子载荷量分析，形成包含 5 个潜变量和 26 项显变量的测量模型。选取总样本剩余的 70%（$n = 1223$）进行验证性因子分析，形成的修正测量模型包含 5 个潜变量和 21 个显变量，聚合效度和区分效度均良好，同时通过了共同性方法偏差检验。

（3）通过结构方程检验得出：消费者对有机葡萄酒健康价值的认知会对其有机葡萄酒态度和购买意愿产生显著的正向影响；消费者对有机葡萄酒所蕴含的象征价值的认知会对消费者的有机葡萄酒态度和消费意愿产生显著的正向影响；消费者对有机葡萄酒的情感评价会对其对有机葡萄酒持有的态度产生显著的正向影响；有机葡萄酒的情感评价不会对其有机葡萄酒购买意愿产生显著的正向影响；消费者对有机葡萄酒持有的态度会对其有机葡萄酒购买意愿产生显著的正向影响。在此基础上，得出了健康价值、象征价值、情感评价、消费者态度和购买意愿之间的影响路径关系。

（4）基于中国消费者有机葡萄酒购买意愿"认知 + 情感—态度—行为意向"模型的实证检验结果，提出了以下观点：第一，中国消费者有机葡萄酒消费决策存在认知和情感双重驱动因素。而且中国消费者所认知到的有机葡萄酒的健康价值和象征价值已超越情感评价，成为主要影响因素。第二，中国消费者有机葡萄酒购买意愿的主要影响因素，是对有机葡萄酒象征价值和健康价值等的理性"认知"，而不是情感评价，这一发现证实了中国消费者决策模式中的特殊本土文化效应：在中国文化情境中，消费者更倾向于购买功能性产品，而非享乐性产品。第三，情感因素对中国有机葡萄酒消费者的消费意愿影响不显著，中西方消费行为存在显著差异。

7.1.2　基于情绪的认知评估理论的分研究

（1）形成一个"认知 + 信任—积极情绪—行为意愿"实证框架。首先以情绪的认知评估理论为基础假设，分析了中国消费者的健康意识认知和积极情绪及购买意愿之间的关系。其次，从社会信任的视角进行了文献梳理，分析了中国消费者的社会信任和有机葡萄酒积极情绪及购买意愿之间的关系。再次，引入"葡萄酒熟悉度"概念作为调节变量，探讨日常饮用和偶尔饮用葡萄酒的消费者购买有机葡萄酒的偏好差异。最后，构建出以葡萄酒熟悉度为调节变量的、中国消费者有机葡萄酒购买意愿的"认知＋信任—积极情绪—行为意愿"模型。

（2）选取总样本的30%（$n=522$）进行探索性因子分析，采用直接 Oblimin 斜交旋转因子分析法（Hair et al.，2010），对样本进行共同性检验和因子载荷量分析，形成了包含 5 项潜变量、21 项显变量的测量模型。然后选取剩余的70%样本（$n=1223$）进行验证性因子分析。为了检验产品熟悉度的中间调节作用，验证样本使用"熟悉度"的总和得分来分为两组，即评价低于 3.5 的被分为低熟悉度组（$n=599$）、等于或高于 3.5 的被分为高熟悉度组（$n=624$）。然后进行多组分析以检验模型中低熟悉度组和高熟悉度组之间结构路径的等效性。两组样本的模型均通过验证性因子分析。

（3）通过结构方程检验得出：中国消费者的社会信任、健康意识和积极情绪均会对其有机葡萄酒购买意愿产生显著的正向影响；中国消费者的社会信任和健康意识会对其有机葡萄酒积极情绪产生显著的正向影响；产品熟悉度对中国消费者社会信任和有机葡萄酒购买意愿关系路径的调节作用不显著；产品熟悉度对中国消费者健康意识和有机葡萄酒购买意愿关系路径的调节作用显著；产品熟悉度对中国消费者积极情绪和有机葡萄酒购买意愿关系路径的调节作用显著。

（4）基于对中国消费者有机葡萄酒购买意愿的"认知＋信任—积极情绪—行为意愿"模型的实证检验，提出以下两个观点：第一，中国消费者有机葡萄酒消费决策具有"认知＋信任—情绪"驱动。中国消费者的健康意识（健康认知）、社会信任和积极情绪对其有机葡萄酒购买意愿有显著的正向影响。第二，中国消费者有机葡萄酒消费决策中存在产品熟悉度的调节效应。在购买决策过程中，产品熟悉度会改变信息输入的性质，是重要的调节因素。对于不太熟悉有机葡萄酒的消费者来说，积极情绪会主导决策过程；而对于熟悉产品的消费者来说，社会信任和健康意识是影响决策的主要因素。

7.1.3 中国有机葡萄酒产业发展对策建议

根据本书的推理模型和实证结果，从有机葡萄酒种植者、酿造者、销售商、行业管理者四个维度分别提出管理建议。

有机葡萄酒种植者应改良种植技术、控制生产过程；加大营销力度、激发顾客好感；融合旅游产业、助力产业升级。有机葡萄酒酿造商应规范生产过程，革新酿酒工艺；完成有机认证，加强品牌建设；扩大销售渠道，加大营销力度；营造文化氛围，发展主题旅游。有机葡萄酒销售商作为供应商与消费者之间的连接，应重视企业诚信，提高社会信任；明确市场定位，制定产品策略；转变销售模式，拓展产品市场；厂商运营合作，创新营销方式。行业管理者是有机葡萄酒产业发展的重要保障，应该加强认证管理，监督规范市场；加大扶持力度，打造品牌产区；普及产业知识，引导正确消费。

7.2　研究创新点

（1）以探讨中国消费者的有机葡萄酒购买意愿为目标，结合情感评估和中国葡萄酒消费者群体的两大特殊关键价值认知（健康价值和象征价值），构建了一个简洁的"认知＋情感—态度—行为意愿"实证框架，探讨中国消费者有机葡萄酒态度和购买意愿的影响因素。

（2）以中国消费者的健康意识和社会信任为切入点，解释中国消费者对有机葡萄酒的积极情绪和购买意愿，形成一个"认知＋信任—积极情绪—行为意愿"实证框架。并引入"葡萄酒熟悉度"概念作为调节变量，探讨日常饮用和偶尔饮用葡萄酒的消费者对于购买有机葡萄酒的偏好差异。

（3）通过滚雪球、目标抽样、整群抽样等多种抽样技术，收集中国除台湾省之外的 33 个省级行政单位的有效样本，进行实证检验。明晰了两种模型框架下多种因素对中国消费者有机葡萄酒购买意愿的影响机理。拓展了有机葡萄酒购买意愿的中国情境研究，为我国有机葡萄酒产业的发展提供重要的市场知识，也有助于促进中国与西方消费者有机食品和葡萄酒购买行为的跨文化交流，并为目标市场中不同产品熟悉度的消费者内在的健康价值和社会信任制定营销策略提供了新的现实意义。

7.3 研究不足与研究展望

7.3.1 研究不足

虽然本书在对多种认知、情感、信任、态度、情绪因素如何影响中国消费者有机葡萄酒购买意愿取得了一些有价值的研究成果，但因研究能力和条件的限制，还是存在许多不足。如该研究仅限于衡量有机葡萄酒的购买意愿，而不是实际的购买行为，虽然这一方法在前人研究中已经被广泛使用，但对消费者真实购买行为的统计才是验证结果的最佳选择。

7.3.2 研究展望

在未来的研究中，可以通过应用大数据及其他新型抽样技术，获取产生真实有机葡萄酒购买行为的消费者样本。还可以通过各种实验法模拟有机葡萄酒消费情境，获取更低干扰的消费者反应数据。从而弥补本书的不足，进一步深化中国消费者有机葡萄酒消费意愿的作用关系。

参考文献

［1］巴斯，盖奇. 认知、大脑和意识［M］. 王兆新，库逸轩，李春霞等译. 上海：上海人民出版社，2015.

［2］白妙珍. 全球化视域下国际葡萄酒市场发展及对中国的影响［J］. 世界农业，2016（2）：91－95，199.

［3］陈声明，陆国权. 有机农业在世界的兴起和蓬勃发展［J］. 当代生态农业，2008（Z2）：112－119.

［4］崔林. 中国葡萄酒市场宏观报告［J］. 中国酒，2006（10）：28－35.

［5］古午. 谁的未来不是梦——酒类发展趋势预测［J］. 中国酒，2002（6）：9－11.

［6］韩虞梅，韩锦平. 美酒好包装 百年基业长青——记中国葡萄酒大王张弼士［J］. 包装世界，2009（2）：48－49.

［7］户才斌，云帆. 中国葡萄酒业蓄势待发［J］. 中国食品工业，2003（8）：12－14.

［8］李华，王华，袁春龙等. 葡萄酒工艺学［M］. 北京：科学出版社，2007：1－19.

［9］李建芳，李益. 中国葡萄酒产业特点及竞争策略［J］. 中外葡萄与葡萄酒，2018（5）：62－67.

［10］梁爱荣，王利军. 发展有机葡萄种植是我国葡萄酒业发展的重要

方向［J］. 山西果树，2009（4）：38－39.

［11］刘世松. 地理标志及其对葡萄酒产业作用［J］. 酿酒，2014，41（5）：2－6.

［12］卢大卫. 中国葡萄酒消费呈现碎片化［N/OL］. 华夏酒报. 2018－8－28.

［13］亓桂梅，李旋，赵艳侠，张久慧. 2017 年世界葡萄及葡萄酒生产及流通概况［J］. 中外葡萄与葡萄酒，2018（1）：68－74.

［14］亓桂梅，李梓琳，梅军霞. 世界葡萄酒三大生产国的产业概况及对比分析［J］. 中外葡萄与葡萄酒，2016（1）：47－51.

［15］青珊. 中国最具发展有机葡萄酒的潜力［J］. 福建轻纺，2013（12）：4－5.

［16］唐文龙. 国内外有机葡萄酒标准概览［J］. 酿酒，2011，38（6）：16－18.

［17］唐文龙，刘世松. 中国葡萄酒行业 2014 年度回眸与展望［J］. 酿酒，2015，42（1）：25－30.

［18］唐文龙. 中国葡萄酒市场的消费升级及特征［J］. 食品科学技术学报，2019，37（2）：24－27.

［19］王辉，赵晨霞. 我国有机葡萄酒的发展现状与前景展望［J］. 中国酿造，2007（8）：1－3.

［20］王赛时. 古代西域的葡萄酒及其东传［J］. 中国烹饪研究，1996（4）：15－20.

［21］行业信息. 中国有机葡萄酒市场尚待开发［J］. 中国酿造，2012，31（4）：105.

［22］许晓岚，杨娇，生吉萍. 基于层次分析法的有机葡萄酒质量安全评价体系构建研究［J］. 农产品质量与安全，2017（4）：85－89.

［23］杨森，涂正顺，凯姆·安德森. 葡萄酒的全球化与区域化［J］. 中外葡萄与葡萄酒，2003（2）：6－11.

［24］Aarset，B.，Beckmann，S.，Bigne，E.，Beveridge，M.，Bjorndal, T. , and Bunting, J. (2004). The European consumers' understanding and perceptions of the "organic" food regime: The case of aquaculture [J]. British Food Journal, 106 (2), 93 – 105.

[25] Aertsens, J. , Verbeke, W. , Mondelaers, K. , and Van Huylen-broeck, G. (2009). Personal determinants of organic food consumption: a re-view [J]. British Food Journal, 111 (10), 1140 – 1167.

[26] Afifi, W. A. , and Weiner, J. L. (2004). Toward a theory of moti-vated information management [J]. Communication Theory, 14 (2), 167 – 190.

[27] Ajzen, I. (2001). Nature and operation of attitudes [J]. Annual Review of Psychology, 52 (1), 27 – 58.

[28] Alba, J. W. , and Hutchinson, J. W. (1987). Dimensions of con-sumer expertise [J]. Journal of Consumer Research, 13 (4), 411 – 454.

[29] Albarracín, D. , and Wyer Jr, R. S. (2000). The cognitive impact of past behavior: influences on beliefs, attitudes, and future behavioral decisions [J]. Journal of Personality and Social Psychology, 79 (1), 5 – 22.

[30] Alonso, A. D. (2012). Promotional efforts of muscadine wines and muscadine-related products: the case of Southern United States wineries [J]. In-ternational Journal of Consumer Studies, 36 (6), 702 – 709.

[31] Anderson, J. C. , and Gerbing, D. W. (1988). Structural equation modeling in practice: A review and recommended two-step approach [J]. Psy-chological Bulletin, 103 (3), 411 – 423.

[32] Anderson, K. (Ed.). (2004). The world's wine markets: Global-ization at work [M]. Edward Elgar Publishing.

[33] Arvola, A. , Vassallo, M. , Dean, M. , Lampila, P. , Saba, A. , Lähteenmäki, L. and Shepherd, R. (2008). Predicting intentions to purchase organic food: the role of affective and moral attitudes in the theory of planned be-haviour [J]. Appetite, 50 (2 – 3), 443 – 454.

［34］Aslihan Nasir, V. , and Karakaya, F. (2014). Consumer segments in organic foods market ［J］. Journal of Consumer Marketing, 31 (4), 263 - 277.

［35］Bagozzi, R. P. , Gopinath, M. , and Nyer, P. U. (1999). The role of emotions in marketing ［J］. Journal of the Academy of Marketing Science, 27 (2), 184 - 206.

［36］Balaji, M. S. , Roy, S. K. , and Lassar, W. M. (2017). Language divergence in service encounters: Revisiting its influence on word-of-mouth ［J］. Journal of Business Research, 72, 210 - 213.

［37］Balestrini, P. , and Gamble, P. (2006). Country-of-origin effects on Chinese wine consumers ［J］. British Food Journal, 108 (5), 396 - 412.

［38］Barber, B. (1983). The logic and limits of trust ［M］. New Brunswick N. J: Rutgers University Press, Chicago (Author-Date, 15th ed.).

［39］Barber, N. , Taylor, C. , and Strick, S. (2009). Wine consumers' environmental knowledge and attitudes: Influence on willingness to purchase ［J］. International Journal of Wine Research, 1 (1), 59 - 72.

［40］Becker, M. H. , Haefner, D. P. , Kasl, S. V. , Kirscht, J. P. , Maiman, L. A. , and Rosenstock, I. M. (1977). Selected psychosocial models and correlates of individual health-related behaviors ［J］. Medical Care, 15 (5), 27 - 46.

［41］Begalli, D. , Capitello, R. , and Codurri, S. (2014). Cooperatives, wine clusters and territorial value: evidence from an Italian case study ［J］. Journal of Wine Research, 25 (1), 45 - 61.

［42］Bennett, R. and Rundle-Thiele, S. (2002). A comparison of attitudinal loyalty measurement approaches ［J］. Journal of Brand Management, 9 (3), 193 - 209.

［43］Bernstein, T. P. , and Lü, X. (2000). Taxation without representation: peasants, the central and the local states in reform China ［J］. The China

Quarterly, 163, 742 – 763.

[44] Bettman, J. R., and Park, C. W. (1980). Effects of prior knowledge and experience and phase of the choice process on consumer decision processes: A protocol analysis [J]. Journal of Consumer Research, 7 (3), 234 – 248.

[45] Bettman, J. R., Luce, M. F., and Payne, J. W. (1998). Constructive consumer choice processes [J]. Journal of Consumer Research, 25 (3), 187 – 217.

[46] Bettman, J. R. (1979). Memory factors in consumer choice: A review [J]. Journal of Marketing, 43 (2), 37 – 53.

[47] Bhattacharya, C. B., and Sen, S. (2003). Consumer-company identification: A framework for understanding consumers' relationships with companies [J]. Journal of Marketing, 67 (2), 76 – 88.

[48] Bonn, M. A., Cho, M., and Um, H. (2018). The evolution of wine research: A 26 year historical examination of topics, trends and future direction [J]. International Journal of Contemporary Hospitality Management, 30 (1), 286 – 312.

[49] Bonn, M. A., Cronin Jr, J. J., and Cho, M. (2016). Do environmental sustainable practices of organic wine suppliers affect consumers' behavioral intentions? The moderating role of trust [J]. Cornell Hospitality Quarterly, 57 (1), 21 – 37.

[50] Bonn, M. A., Kim, W. G., Kang, S., and Cho, M. (2016). Purchasing wine online: The effects of social influence, perceived usefulness, perceived ease of use, and wine involvement [J]. Journal of Hospitality Marketing and Management, 25 (7), 841 – 869.

[51] Brislin, R. W. (1970). Back-translation for cross-cultural research [J]. Journal of Cross-Cultural Psychology, 1 (3), 185 – 216.

[52] Brown, S. P. and Stayman, D. M. (1992). Antecedents and conse-

quences of attitude toward the ad: a meta-analysis [J]. Journal of Consumer Research, 19 (1), 34 – 51.

[53] Cai, R., and Chi, C. G (2018). The impact of complaint efforts on customer satisfaction and loyalty [J]. The Service Industries Journal, 38 (15 – 16), 1095 – 1115.

[54] Camillo, A. A. (2012). A strategic investigation of the determinants of wine consumption in China [J]. International Journal of Wine Business Research, 24 (1), 68 – 92.

[55] Canovi, M. and Pucciarelli, F. (2019). Social media marketing in wine tourism: winery owners' perceptions [J]. Journal of Travel and Tourism Marketing, 36 (6), 653 – 664.

[56] Chang, K. J., Thach, M. L. and Olsen, J. (2016). Wine and health perceptions: exploring the impact of gender, age and ethnicity on consumer perceptions of wine and health [J]. Wine Economics and Policy, 5 (2), 105 – 113.

[57] Charters, S. and Pettigrew, S. (2008). Why do people drink wine? A consumer-focused exploration [J]. Journal of Food Products Marketing, 14 (3), 13 – 32.

[58] Chen, D. (2017). Local Distrust and Regime Support: Sources and Effects of Political Trust in China [J]. Political Research Quarterly, 70 (2), 314 – 326.

[59] Cheng, E. (2019). Chinese tourists are spending less on shopping, survey finds [EB/OL]. https://www.cnbc.com/2019/01/24/chinese-travelers-spending-less-on-shopping-survey-finds.html.

[60] Chen, J., Lobo, A. and Rajendran, N. (2014). Drivers of organic food purchase intentions in mainland China-evaluating potential customers' attitudes, demographics and segmentation [J]. International Journal of Consumer Studies, 38 (4), 346 – 356.

[61] Churchill Jr, G. A. (1979). A paradigm for developing better measures of marketing constructs [J]. Journal of Marketing Research, 16 (1), 64 – 73.

[62] Cohen, J. B., and Areni, C. S. (1991). Affect and consumer behavior. n T. S. Robertson and H. H. Kassarjian (Eds.), Handbook of Consumer Behavior [C] (pp. 188 – 240). Englewood Cliffs, N. J: Prentice-Hall.

[63] Colquitt, J. A., Scott, B. A., and LePine, J. A. (2007). Trust, trustworthiness, and trust propensity: a meta-analytic test of their unique relationships with risk taking and job performance [J]. Journal of Applied Psychology, 92 (4), 909 – 927.

[64] Conner, M. and Armitage, C. J. (1998). Extending the theory of planned behavior: a review and avenues for further research [J]. Journal of Applied Social Psychology, 28 (15), 1429 – 1464.

[65] David Sly. How wineries can future-proof vineyards [EB/OL]. https: // www. winecompanion. com. au/ articles/news/how-wineries-can-future-proof-vineyards, 2019 – 1 – 25.

[66] De Vellis, R. F. (2016). Scale development: Theory and applications [C]. (Vol. 26). Sage publications.

[67] Dolnicar, S., Laesser, C. and Matus, K. (2009). Online versus paper: Format effects in tourism surveys [J]. Journal of Travel Research, 47 (3), 295 – 316.

[68] Douglas, S. P. and Craig, C. S. (2007). Collaborative and iterative translation: an alternative approach to back translation [J]. Journal of International Marketing, 15 (1), 30 – 43.

[69] Drennan, J., Bianchi, C., Cacho-Elizondo, S., Louriero, S., Guibert, N. and Proud, W. (2015). Examining the role of wine brand love on brand loyalty: a multi-country comparison [J]. International Journal of Hospitality Management, 49, 47 – 55.

[70] Dunning, J., Pecotich, A., and O'Cass, A. (2004). What happens when things go wrong? Retail sales explanations and their effects [J]. Psychology and Marketing, 21 (7), 553 – 572.

[71] Dwyer, F. R., Schurr, P. H., and Oh, S. (1987). Developing buyer-seller relationships [J]. Journal of Marketing, 51 (2), 11 – 27.

[72] Elliott, R. (1997). Existential consumption and irrational desire [J]. European Journal of Marketing, 31 (3/4), 285 – 296.

[73] Fang, Y., Qureshi, I., Sun, H., McCole, P., Ramsey, E., and Lim, K. H. (2014). Trust, satisfaction, and online repurchase intention: The moderating role of perceived effectiveness of e-commerce institutional mechanisms [J]. MI Quarterly, 38 (2), 407 – 427.

[74] Faraji-Rad, A., and Pham, M. T. (2016). On aesthetic pleasure: The uncertainty-reducing role of processing fluency [Z]. European Marketing Association Conference. Oslo: Norway.

[75] Festa, G., Cuomo, M. T., Metallo, G. and Festa, A. (2016). The (r) evolution of wine marketing mix: from the 4Ps to the 4Es [J]. Journal of Business Research, 69 (5), 1550 – 1555.

[76] Finucane, M. L., Alhakami, A., Slovic, P., and Johnson, S. M. (2000). The affect heuristic in judgments of risks and benefits [J]. Journal of behavioral decision making, 13 (1), 1 – 17.

[77] Fishbein, M., and Ajzen, I. (1975). Belief, attitude, intention and behavior: An introduction to theory and research reading [M]. MA: Addison Wesley.

[78] Forgas, and Joseph, P. (1995). Mood and judgment: the affect infusion model (AIM) [J]. Psychological Bulletin, 117 (1), 39 – 66.

[79] Fotopoulos, C., and Krystallis, A. (2002). Purchasing motives and profile of the Greek organic consumer: a countrywide survey [J]. British Food Journal, 104 (9), 730 – 765.

[80] Gale F, Vince J, Farmery A. Certification schemes in the Australian organic wine industry [C]. 3rd International Conference on Public Policy (ICPP3). 2017: 1 – 25.

[81] General Administration of Customs People's Republic of China [A]. (2018). 2017 China Customs Annual Report [C]. Retrieved from http: //english. customs. gov. cn/about/annualreports.

[82] Giacalone, D. , and Jaeger, S. R. (2016). Better the devil you know? How product familiarity affects usage versatility of foods and beverages [J]. Journal of Economic Psychology, 55, 120 – 138.

[83] Gil, J. M. , and Sánchez, M. (1997). Consumer preferences for wine attributes: a conjoint approach [J]. British Food Journal, 99 (1), 3 – 11.

[84] Grankvist, G. , and Biel, A. (2001). The importance of beliefs and purchase criteria in the choice of eco-labeled food products [J]. Journal of Environmental Psychology, 21 (4), 405 – 410.

[85] Grankvist, G. , Lekedal, H. , and Marmendal, M. (2007). Values and eco-and fair-trade labelled products [J]. British Food Journal, 109 (2), 169 – 181.

[86] Greifeneder, R. , Bless, H. and Pham, M. T. (2011). When do people rely on affective and cognitive feelings in judgment? A review [J]. Personality and Social Psychology Review, 15 (2), 107 – 141.

[87] Grisaffe, D. B. and Nguyen, H. P. (2011). Antecedents of emotional attachment to brands [J]. Journal of Business Research, 64 (10), 1052 – 1059.

[88] Gursoy, D. , and McCleary, K. W. (2004). Travelers' prior knowledge and its impact on their information search behavior [J]. Journal of Hospitality and Tourism Research, 28 (1), 66 – 94.

[89] Hagen, J. M. , and Choe, S. (1998). Trust in Japanese interfirm

relations: Institutional sanctions matter [J]. The Academy of Management Review, 23 (3), 589 – 600.

[90] Hair, J. F., Jr., Black, W. C., Babin, B. J. and Anderson, R. E. (2010). Multivariate Data Analysis [M]. Upper Saddle River, NJ.

[91] Hamzaoui-Essoussi, L., and Zahaf, M. (2009). Exploring the decision-making process of Canadian organic food consumers: Motivations and trust issues [J]. Qualitative Market Research: An International Journal, 12 (4), 443 – 459.

[92] Hamzaoui-Essoussi, L., and Zahaf, M. (2012). The organic food market: Opportunities and challenges [A]. In Organic Food and Agriculture-New Trends and Developments in the Social Sciences [C]. InTech.

[93] Han, H., Hsu, L. T. J., and Sheu, C. (2010). Application of the theory of planned behavior to green hotel choice: Testing the effect of environmental friendly activities [J]. Tourism Management, 31 (3), 325 – 334.

[94] Han, H., Nguyen, H. N., Song, H., Lee, S. and Chua, B. L. (2019). Impact of functional/cognitive and emotional advertisements on image and repurchase intention [J]. Journal of Hospitality Marketing and Management, 28 (4), 446 – 471.

[95] Han, S., Lerner, J. S., and Keltner, D. (2007). Feelings and consumer decision making: The appraisal-tendency framework [J]. Journal of Consumer Psychology, 17 (3), 158 – 168.

[96] Hasimu, H., Marchesini, S. and Canavari, M. (2017). A concept mapping study on organic food consumers in Shanghai, China [J]. Appetite, 108, 191 – 202.

[97] Hojman, D. E. and Hunter-Jones, P. (2012). Wine tourism: Chilean wine regions and routes [J]. Journal of Business Research, 65 (1), 13 – 21.

[98] Hsieh, Y. C. J., Lee, Z. C. and Yin, P. (2019). Wine attractions

at hotels： study of online reviews ［J］. International Journal of Wine Business Re-search, 31（1）, 89 – 108.

［99］ Hulland, J., Baumgartner, H. and Smith, K. M.（2018）. Market-ing survey research best practices： evidence and recommendations from a review of JAMS articles ［J］. Journal of the Academy of Marketing Science, 46（1）, 92 – 108.

［100］ Hu, X., Li, L., Xie, C. and Zhou, J.（2008）. The effects of country-of-origin on Chinese consumers' wine purchasing behaviour ［J］. Journal of Technology Management in China, 3（3）, 292 – 306.

［101］ IWSR.（2019, April 9）. Organic wine forecasted to reach 87. 5m ca-ses globally by 2022： IWSR press release ［EB/OL］. Retrieved from https： // www. theiwsr. com/wp-content/uploads/Press-Release-IWSR-Sees-Growth-in-Global-Organic-Wine-Market_9 Apr19. pdf.

［102］ James Lawrence. Is it possible that the home of wine is losing its taste for its own heritage? ［EB/OL］. https： //www. wine-searcher. com/m/2019/12/french-wine-markets-grim-prognosis, 2019 – 12 – 7.

［103］ Jang, S. S., and Namkung, Y.（2009）. Perceived quality, emo-tions, and behavioral intentions： Application of an extended Mehrabian-Russell model to restaurants ［J］. Journal of Business Research, 62（4）, 451 – 460.

［104］ Janssen, M., and Hamm, U.（2012）. Product labelling in the market for organic food： Consumer preferences and willingness-to-pay for different organic certification logos ［J］. Food Quality and Preference, 25（1）, 9 – 22.

［105］ Jeff Gong, Vera Liao. 有机葡萄酒在欧洲市场越来越受欢迎 ［EB/OL］. Jenster, P., and Cheng, Y.（2008）. Dragon wine： developments in the Chinese wine industry. International Journal of Wine Business Research, 20（3）, 244 – 259.

［106］ Johnson, A. R., and Stewart, D. W.（2005）. A reappraisal of the role of emotion in consumer behavior. In Review of marketing research ［M］.

Emerald Group Publishing Limited, 33 – 34.

[107] Johnson, D. , and Grayson, K. (2005). Cognitive and affective trust in service relationships [J]. Journal of Business Research, 58 (4), 500 – 507.

[108] Johnson, J. D. , and Meischke, H. (1993). A comprehensive model of cancer-related information seeking applied to magazines [J]. Human Communication Research, 19 (3), 343 – 367.

[109] Jones, G. , and Grandjean, E. (2018). How organic wine finally caught on [J]. Harvard Business Review, available at: https://hbr. org/2018/04/how-organic-wine-finally-caught-on.

[110] Jones, G. G. , and Grandjean, E. (2017). Creating the market for organic wine: Sulfites, certification, and green values [Z]. Harvard Business School General Management Unit Working Paper, 18 – 48.

[111] Jourdan, A. (2013). After rough patch in China, Yum looks to repair image [EB/OL]. In Reuters. Retrieved from http://www. reuters. com.

[112] Julie Acheson. The Wine Market in China [R]. Canada: Agriculture and Agri-Food Canada, 2016.

[113] Jun, J. , Kang, J. , and Arendt, S. W. (2014). The effects of health value on healthful food selection intention at restaurants: Considering the role of attitudes toward taste and healthfulness of healthful foods [J]. International Journal of Hospitality Management, 42, 85 – 91.

[114] Kemper, E. , Stringfield, S. and Teddlie, C. (2003). Mixed methods sampling strategies in social science research [A]. in Tashakkori A. and Teddlie C. (Eds), Handbook of Mixed Methods in Social and Behavioral Research, Sage [C]. Thousand Oaks, CA, 273 – 296.

[115] Kim, H. and Bonn, M. A. (2016). Authenticity: do tourist perceptions of winery experiences affect behavioral intentions? [J]. International Journal of Contemporary Hospitality Management, 28 (4), 839 – 859.

[116] Kim, J. and Morris, J. D. (2007). The power of affective response and cognitive structure in product-trial attitude formation [J]. Journal of Advertising, 36 (1), 95 – 106.

[117] Koenig-Lewis, N., and Palmer, A. (2014). The effects of anticipatory emotions on service satisfaction and behavioral intention [J]. Journal of Services Marketing, 28 (6), 437 – 451.

[118] Kolyesnikova, N., Dodd, T. H., and Duhan, D. F. (2008). Consumer attitudes towards local wines in an emerging region: a segmentation approach [J]. International Journal of Wine Business Research, 20 (4), 321 – 334.

[119] Kuo, Y. F., and Wu, C. M. (2012). Satisfaction and post-purchase intentions with service recovery of online shopping websites: Perspectives on perceived justice and emotions [J]. International Journal of Information Management, 32 (2), 127 – 138.

[120] Ladhari, R. (2007). The effect of consumption emotions on satisfaction and word-of-mouth communications [J]. Psychology and Marketing, 24 (12), 1085 – 1108.

[121] Lam, H. M., Remais, J., Fung, M. C., Xu, L., and Sun, S. S. M. (2013). Food supply and food safety issues in China [J]. The Lancet, 381 (9882), 2044 – 2053.

[122] Lang, J. T., and Hallman, W. K. (2005). Who does the public trust? The case of genetically modified food in the United States [J]. Risk Analysis, 25 (5), 1241 – 1252.

[123] Lapsley, J., and Moulton, K. (2013). Successful wine marketing [M]. Springer Science and Business Media.

[124] Lazarus, R. S. (1991). Emotion and adaptation [M]. Oxford University Press on Demand.

[125] Lazarus, R. S. (1991). Progress on a cognitive-motivational-rela-

tional theory of emotion [J]. American Psychologist, 46 (8), 819 – 834.

[126] Lee, H. J. and Yun, Z. S. (2015). Consumers' perceptions of organic food attributes and cognitive and affective attitudes as determinants of their purchase intentions toward organic food [J]. Food Quality and Preference, 39, 259 – 267.

[127] Lee, Y. K. , Lee, C. K. , Lee, S. K. , and Babin, B. J. (2008). Festivalscapes and patrons' emotions, satisfaction, and loyalty [J]. Journal of Business Research, 61 (1), 56 – 64.

[128] Lerner, J. S. , and Keltner, D. (2000). Beyond valence: Toward a model of emotion-specific influences on judgement and choice [J]. Cognition and Emotion, 14 (4), 473 – 493.

[129] Lerner, J. S. , Li, Y. , Valdesolo, P. , and Kassam, K. S. (2015). Emotion and decision making [J]. Annual Review of Psychology, 66 (1), 799 – 823.

[130] Lewis, J. D. , and Weigert, A. (1985). Trust as a social reality [J]. Social forces, 63 (4), 967 – 985.

[131] Li, J. and Su, C. (2007), How face influences Consumption-A comparative study of American and Chinese consumers [J]. International Journal of Market Research, 49 (2), 237 – 256.

[132] Lim, E. A. C. and Ang, S. H. (2008). Hedonic vs. utilitarian consumption: a cross-cultural perspective based on cultural conditioning [J]. Journal of Business Research, 61 (3), 225 – 232.

[133] Liu, F. , and Murphy, J. (2007). A qualitative study of Chinese wine consumption and purchasing: Implications for Australian wines [J]. International Journal of Wine Business Research, 19 (2), 98 – 113.

[134] Liu, W. , Sparks, B. and Coghlan, A. (2017). Fun, inspiration and discovery: from momentary experiences to overall evaluations [J]. International Journal of Contemporary Hospitality Management, 29 (7), 1937 – 1955.

[135] Liu, W., Sparks, B., and Coghlan, A. (2016). Measuring customer experience in situ: the link between appraisals, emotions and overall assessments [J]. International Journal of Hospitality Management, 59, 42–49.

[136] Li, Y., and Bardaji de Azcarate, I. (2017). A new wine superpower? An analysis of the Chinese wine industry [J]. Cahiers Agricultures, 26 (6), 1–9.

[137] Lo, A., King, B. and Mackenzie, M. (2017). Restaurant customers' attitude toward sustainability and nutritional menu labels [J]. Journal of Hospitality Marketing and Management, 26 (8), 846–867.

[138] Lockie, S., Lyons, K., Lawrence, G., and Grice, J. (2004). Choosing organics: a path analysis of factors underlying the selection of organic food among Australian consumers [J]. Appetite, 43 (2), 135–146.

[139] Lockie, S., Lyons, K., Lawrence, G., and Mummery, K. (2002). Eating 'green': motivations behind organic food consumption in Australia [J]. Sociologia Ruralis, 42 (1), 23–40.

[140] Luhmann, N. (1988). Familiarity, confidence, trust [A]. Trust: Making and breaking cooperative relations [C]. Wiley-Basil Blackwell, 94–107.

[141] Lu, L., and Chi, C. G. (2018). An examination of the perceived value of organic dining [J]. International Journal of Contemporary Hospitality Management, 30 (8), 2826–2844.

[142] Lu, L. and Chi, C. G. Q. (2018). Examining diners' decision-making of local food purchase: the role of menu stimuli and involvement [J]. International Journal of Hospitality Management, 69, 113–123.

[143] Lu, L. and Gursoy, D. (2017). Does offering an organic food menu help restaurants excel in competition? An examination of diners' decision-making [J]. International Journal of Hospitality Management, 63, 72–81.

[144] Lu, L., Rahman, I. and Chi, C. G. Q. (2017). Ready to embrace genetically modified wines? The role of knowledge exposure and intrinsic wine

attributes [J]. Cornell Hospitality Quarterly, 58 (1), 23 – 38.

[145] Magnusson, M. K., Arvola, A., Hursti, U. K. K., Åberg, L., and Sjödén, P. O. (2003). Choice of organic foods is related to perceived consequences for human health and to environmentally friendly behaviour [J]. Appetite, 40 (2), 109 – 117.

[146] Malhotra, N. K. (2005). Attitude and affect: new frontiers of research in the 21st century [J]. Journal of Business Research, 58 (4), 477 – 482.

[147] Mann, S., Ferjani, A., and Reissig, L. (2012). What matters to consumers of organic wine? [J]. British Food Journal, 114 (2), 272 – 284.

[148] Masson, J., Sánchez, C. R. S. and Celhay, F. (2017). Is mianzi the only face of Chinese consumers of wine? A typology of Chinese consumers of imported wine [J]. International Journal of Market Research, 59 (5), 625 – 654.

[149] Mayer, R. C., Davis, J. H., and Schoorman, F. D. (1995). An integrative model of organizational trust [J]. Academy of Management Review, 20 (3), 709 – 734.

[150] McEvoy, M. (2013). Organic 101: Organic wine [EB/OL]. Retreived July, 13, 2013, from http: //blogs. usda. gov/2013/01/08/organic – 101-organic-wine/.

[151] McFadden, D., Machina, M. J., and Baron, J. (1999). Rationality for economists? [A]. In Elicitation of preferences [C] (73 – 110). Springer, Dordrecht.

[152] Mehrabian, A. and Russell, J. A. (1974), An Approach to Environmental Psychology [M]. The MIT Press.

[153] Michaelidou, N., and Hassan, L. M. (2008). The role of health consciousness, food safety concern and ethical identity on attitudes and intentions towards organic food [J]. International Journal of Consumer Studies, 32 (2),

163 – 170.

［154］Möllering, G. (2001). The nature of trust: From Georg Simmel to a theory of expectation, interpretation and suspension ［J］. Sociology, 35 (2), 403 – 420.

［155］Mora, P. and Moscarola, J. (2010). Representations of the emotions associated with a wine purchasing or consumption experience ［J］. International Journal of Consumer Studies, 34 (6), 674 – 683.

［156］Moreau, C. P. , Lehmann, D. R. , and Markman, A. B. (2001). Entrenched knowledge structures and consumer response to new products ［J］. Journal of Marketing Research, 38 (1), 14 – 29.

［157］Morgan, R. M. , and Hunt, S. D. (1994). The commitment-trust theory of relationship marketing ［J］. Journal of Marketing, 58 (3), 20 – 38.

［158］Nannestad, P. (2008). What have we learned about generalized trust, if anything? ［J］. Annual Review of Political Science, 11, 413 – 436.

［159］National Restaurant Association (2015). What's hot 2015 culinary forecast ［EB/OL］. Retrieved June, 14, 2016.

［160］Newsom, J. T. , McFarland, B. H. , Kaplan, M. S. , Huguet, N. , and Zani, B. (2005). The health consciousness myth: implications of the near independence of major health behaviors in the North American population ［J］. Social Science and Medicine, 60 (2), 433 – 437.

［161］Nigro, D. (2012). U. S. and Europe have different definitions of organic wine ［J/OL］. Wine Spectator. Retrieved from https: //www. winespectator. com/articles/us-and-europe-have-different-definitions-of-organic-wine – 46432.

［162］Oreg, S. (2003). Resistance to change: Developing an individual differences measure ［J］. Journal of Applied Psychology, 88 (4), 680 – 693.

［163］Organic Trade Association (2015). available at: www. ota. com/resources/market-analysis Patton, M. Q. (2002). Qualitative Research and Evaluation Methods ［M］. 3rd ed. , Sage, Thousand Oaks, CA.

[164] Organic Vineyard Alliance. (n. d.). Organic wine definitions-behind the label [EB/OL]. Retrieved from http: //organicvineyardalliance. com/organic-wine-definitions-behind-the-label/.

[165] Orth, U. R. , Wolf, M. M. , Dodd, T. H. Dimensions of wine region equity and their impact on consumer preferences [J]. Journal of Product & Brand Management, 2013 (2): 88 – 97.

[166] Padel, S. , and Foster, C. (2005). Exploring the gap between attitudes and behaviour: Understanding why consumers buy or do not buy organic food [J]. British Food Journal, 107 (8), 606 – 625.

[167] Park, C. W. , and Lessig, V. P. (1981). Familiarity and its impact on consumer decision biases and heuristics [J]. Journal of Consumer Research, 8 (2), 223 – 231.

[168] Park, C. W. , and Lessig, V. P. (1977). Judgmental rules and stages of the familiarity curve: Promotional implications [J]. Journal of Advertising, 6 (1), 10 – 16.

[169] Pavlou, P. A. , and Gefen, D. (2004). Building effective online marketplaces with institution-based trust [J]. Information Systems Research, 15 (1), 37 – 59.

[170] Perugini, M. , and Bagozzi, R. P. (2001). The role of desires and anticipated emotions in goal-directed behaviours: Broadening and deepening the theory of planned behaviour [J]. British Journal of Social Psychology, 40 (1), 79 – 98.

[171] Pettigrew, S. , and Charters, S. (2010). Alcohol consumption motivations and behaviours in Hong Kong [J]. Asia Pacific Journal of Marketing and Logistics, 22 (2), 210 – 221.

[172] Petty, R. E. , Schumann, D. W. , Richman, S. A. and Strathman, A. J. (1993). Positive mood and persuasion: Different roles for affect under high- and low-elaboration conditions [J]. Journal of Personality and Social Psychology,

64 (1), 5 – 20.

[173] Pforr, C. , and Phau, I. (2018). Food, wine and China: opportunities and challenges for tourism [A]. In Food, Wine and China [C] (13 – 25). Routledge.

[174] Pham, M. T. , Cohen, J. B. , Pracejus, J. W. , and Hughes, G. D. (2001). Affect monitoring and the primacy of feelings in judgment [J]. Journal of Consumer Research, 28 (2), 167 – 188.

[175] Pham, M. T. (2004). The logic of feeling [J]. Journal of consumer psychology, 14 (4), 360 – 369.

[176] Pink M. The sustainable wine market in Europe-introduction to a market trend and its issues [J]. Acta Scientiarum Polonorum, Oeconomia, 2015, 14 (2).

[177] Plank, R. E. , and Gould, S. J. (1990). Health consciousness, scientific orientation and wellness: an examination of the determinants of wellness attitudes and behaviors [J]. Health Marketing Quarterly, 7 (3 – 4), 65 – 82.

[178] Podolny, J. M. (2010). Status Signals: A Sociological Study of Market Competition [M]. Princeton University Press.

[179] Podsakoff, P. M. , MacKenzie, S. B. , Lee, J. Y. and Podsakoff, N. P. (2003). Common method biases in behavioral research: a critical review of the literature and recommended remedies [J]. Journal of Applied Psychology, 88 (5), 879 – 903.

[180] Rahman, I. , and Reynolds, D. (2017). Organic wine: The influence of biospheric, altruistic, and egoistic values on purchase intention, willingness to pay more, and willingness to sacrifice [J]. International Journal of Hospitality Beverage Management, 1 (1), 1 – 47.

[181] Rahman, I. , Stumpf, T. and Reynolds, D. (2014). A comparison of the influence of purchaser attitudes and product attributes on organic wine preferences [J]. Cornell Hospitality Quarterly, 55 (1), 127 – 134.

［182］Rao, A. R. , and Monroe, K. B. (1988). The moderating effect of prior knowledge on cue utilization in product evaluations ［J］. Journal of Consumer Research, 15 (2), 253 – 264.

［183］Remaud H, Mueller S, Chvyl P, et al. Do Australian wine consumers value organic wine? ［D］. AWBR Academy of Wine Business Research, 2008.

［184］Renn, O. (2017). Risk governance: coping with uncertainty in a complex world ［M］. Routledge.

［185］Research and Markets (2019). Research report on wine import in China 2019 – 2023 ［EB/OL］. Retrieved from https: //www. researchandmarkets. com/research/5gjq8x/china_wine_import? w = 12.

［186］Roozen, I. , and Raedts, M. (2018). The effects of online customer reviews and managerial responses on travelers' decision-making processes ［J］. Journal of Hospitality Marketing and Management, 1 – 24.

［187］Roseman, I. J. (1991). Appraisal determinants of discrete emotions ［J］. Cognition and Emotion, 5 (3), 161 – 200.

［188］Roseman, I. J. (1984). Cognitive determinants of emotion: A structural theory ［J］. Review of Personality and Social Psychology, 5, 11 – 36.

［189］Rothstein, B. , and Eek, D. (2009). Political corruption and social trust: An experimental approach ［J］. Rationality and Society, 21 (1), 81 – 112.

［190］Russell, J. A. (1980). A circumplex model of affect ［J］. Journal of Personality and Social Psychology, 39 (6), 1161 – 1178.

［191］Saich, T. (2007). Citizens' perceptions of governance in rural and urban China ［J］. Journal of Chinese Political Science, 12 (1), 1 – 28.

［192］Sampson, H. (2016). Skift podcast: are you ready for the next wave of Chinese travelers? ［EB/OL］. available at: https: //skift. com/2016/ 04/15/skift-podcast-are-you-ready-for-the-next-wave-of-chinese-travelers/.

［193］Schmidt, J. B. , and Spreng, R. A. (1996). A proposed model of external consumer information search [J]. Journal of the Academy of Marketing Science, 24 (3), 246 – 256.

[194] Schmitt, P. (2013, Nov 11). Chinese drink wine for health benefits, not flavor [EB/OL]. Retrieved from https: //www. thedrinksbusiness. com/2013/11/chinese-drink-wine-for-health-benefits-not-flavour/.

[195] Schoemaker, P. J. (1982). The expected utility model: Its variants, purposes, evidence and limitations [J]. Journal of Economic Literature, 20 (2), 529 – 563.

[196] Schäufele, I., and Hamm, U. (2018). Organic wine purchase behaviour in Germany: Exploring the attitude-behaviour-gap with data from a household panel [J]. Food Quality and Preference, 63, 1 – 11.

[197] Schwarz, N. , and Clore, G. L. (1996). Feelings and phenomenal experiences. Social psychology: Handbook of Basic Principles [M]. Guilford, 385 – 407.

[198] Schwarz, N. (1990). Feelings as information: informational and motivational functions of affective states [M]. Guilford Press.

[199] Sector Trend Analysis (2016). The wine market in China. Market access secretariat [R]. Global analysis report.

[200] Sharples L. Organic Wines—The UK Market: A Shift from 'niche market' to 'mainstream' Position? [J]. International Journal of Wine Marketing, 2000.

[201] Siegrist, M. (2000). The influence of trust and perceptions of risks and benefits on the acceptance of gene technology [J]. Risk Analysis, 20 (2), 195 – 204.

[202] Simon, H. A. (1959). Theories of decision-making in economics and behavioral science [J]. The American Economic Review, 49 (3), 253 – 283.

[203] Sirdeshmukh, D. , Singh, J. , and Sabol, B. (2002). Consumer

trust, value, and loyalty in relational exchanges [J]. Journal of Marketing, 66 (1), 15 – 37.

[204] Sirieix, L. and Remaud, H. (2010). Consumer perceptions of eco-friendly vs. conventional wines in Australia [Z]. 5th International Academy of Wine Business Research Conference, Auckland, N2.

[205] Slovic, P., Peters, E., Finucane, M. L., and MacGregor, D. G. (2005). Affect, risk, and decision making [J]. Health psychology, 24 (4S), S35 – S40.

[206] Smith, C. A., and Ellsworth, P. C. (1985). Patterns of cognitive appraisal in emotion [J]. Journal of Personality and Social Psychology, 48 (4), 813 – 838.

[207] Somogyi, S., Li, E., Johnson, T., Bruwer, J., and Bastian, S. (2011). The underlying motivations of Chinese wine consumer behavior [J]. Asia Pacific Journal of Marketing and Logistics, 23 (4), 473 – 485.

[208] Song, J., and Qu, H. (2017). The mediating role of consumption emotions [J]. International Journal of Hospitality Management, 66, 66 – 76.

[209] Stolze, M., Stolz, H., and Schmid, O. (2006). Documentation about national action plans for organic food and farming [R]. Project report. Research Institute of Organic Agriculture (FiBL).

[210] Stolz, H., Schmid, O. Consumer attitudes and expectations of organic wine [J]. 2008. http: //www. wineita. com/html/ygys/201601221848. html, 2016 – 01 – 22.

[211] Storbeck, J., and Clore, G. L. (2007). On the interdependence of cognition and emotion [J]. Cognition and Emotion, 21 (6), 1212 – 1237.

[212] Strack, F. (1992). The different routes to social judgments: Experiential versus informational strategies [M]. The Construction of Social Judgments, New York: Psychology Press, 249 – 275.

[213] Sun, T., Lin, S. and Kolodinsky, J. (2014). Hierarchical trait

predictors of healthy diet: a comparison between US and Chinese young consumers [J]. International Journal of Consumer Studies, 38 (6), 620 – 627.

[214] Susan, C., Richard, M. The globalization of the wine industry: Implications for old and new world producers [J]. International Business and Economy Conference Proceedings, 2005 (12): 89 – 101.

[215] Tao, R., Yang, D. L., Li, M., and Lu, X. (2014). How does political trust affect social trust? An analysis of survey data from rural China using an instrumental variables approach [J]. International Political Science Review, 35 (2), 237 – 253.

[216] Taylor, J. J., Bing, M., Reynolds, D., Davison, K., and Ruetzler, T. (2018). Motivation and personal involvement leading to wine consumption [J]. International Journal of Contemporary Hospitality Management, 30 (2), 702 – 719.

[217] Teddlie, C. and Yu, F. (2007). Mixed methods sampling: a typology with examples [J]. Journal of Mixed Methods Research, 1 (1), 77 – 100.

[218] Teoh, M. W., Wang, Y. and Kwek, A. (2019). Coping with emotional labor in high stress hospitality work environments [J]. Journal of Hospitality Marketing and Management, 1 – 22.

[219] Thach, E. C., and Olsen, J. E. (2006). Market segment analysis to target young adult wine drinkers [J]. Agribusiness: An International Journal, 22 (3), 307 – 322.

[220] Thach, E. C. and Olsen, J. E. (2004). The search for new wine consumers: marketing focus on consumer lifestyle or lifecycle [J]. International Journal of Wine Marketing, 16 (3), 44 – 57.

[221] Tourism Australia. 2016. Understanding the Chinese market [EB/OL]. Retrieved from http://www.tourism.australia.com/content/dam/assets/document/1/6/w/u/7/2002111.pdf.

[222] Tversky, A., and Kahneman, D. (1974). Judgment under uncer-

tainty: Heuristics and biases [J]. Science, 185 (4157), 1124 – 1131.

[223] Van Doorn, J., and Verhoef, P. C. (2011). Willingness to pay for organic products: Differences between virtue and vice foods [J]. International Journal of Research in Marketing, 28 (3), 167 – 180.

[224] Verhoef, P. C. (2005). Explaining purchases of organic meat by Dutch consumers [J]. European Review of Agricultural Economics, 32 (2), 245 – 267.

[225] Vermeir, I. and Verbeke, W. (2006). Sustainable food consumption: exploring the consumer "attitude-behavioral intention" gap [J]. Journal of Agricultural and Environmental Ethics, 19 (2), 169 – 194.

[226] Verplanken, B., Hofstee, G., and Janssen, H. J. (1998). Accessibility of affective versus cognitive components of attitudes [J]. European Journal of Social Psychology, 28 (1), 23 – 35.

[227] Vine R P. Commercial winemaking: Processing and controls [M]. Springer Scienceand Business Media, 2012.

[228] Vo Thanh, T. and Kirova, V. (2018). Wine tourism experience: a netnography study [J]. Journal of Business Research, 83, 30 – 37.

[229] Wang, L., Wei, F. and Zhang X. A. (2018). Why does Energy-Saving behavior rise and fall? A study on consumer face consciousness in the Chinese context [J]. Journal of Business Ethics, 1 – 15.

[230] Wang, M. (2017). A comparative study of wine consumer behavior in China and the United States: Does culture affect consumer behavior? [D]. California State Polytechnie University.

[231] Wang, N. (2018, February, 22). VINEXPO: China and US will drive global wine consumption, The drinks Business [EB/OL]. Retrieved from https://www. thedrinksbusiness. com/2018/02/vinexpo-china-and-us-will-drive-global-wine-consumption/.

[232] Watson, D., Clark, L. A., and Tellegen, A. (1988). Develop-

ment and validation of brief measures of positive and negative affect: the PANAS scales [J]. Journal of Personality and Social Psychology, 54 (6), 1063 – 1070.

[233] Watson, L., and Spence, M. T. (2007). Causes and consequences of emotions on consumer behaviour: A review and integrative cognitive appraisal theory [J]. European Journal of Marketing, 41 (5/6), 487 – 511.

[234] White, C. J. (2010). The impact of emotions on service quality, satisfaction, and positive word-of-mouth intentions over time [J]. Journal of Marketing Management, 26 (5 – 6), 381 – 394.

[235] Wiedmann, K. P., Hennigs, N. and Siebels, A. (2009). Value-based segmentation of luxury consumption behavior [J]. Psychology and Marketing, 26 (7), 625 – 651.

[236] Wiedmann, K. P., Hennigs, N., Henrik Behrens, S. and Klarmann, C. (2014). Tasting green: an experimental design for investigating consumer perception of organic wine [J]. British Food Journal, 116 (2), 197 – 211.

[237] Willer, H., Lernoud, J., Huber, B., Sahota, A. and Jäggin B. (2018). The World of Organic Agriculture: Statistics and Emerging Trends 2018 [R]. (FiBL-IFOAM, 2018).

[238] Wine Industry Advisor. (2019). How wineries can support their restaurant customers: Tools of the trade [R]. Retrieved from https: //wineindustryadvisor. com/2019/03/12/wineries-support-restaurant-customers-tools.

[239] Workman, D. (2006). China's Wine Treasure [EB/OL]. Retrieved from http: //www. wines-info. com/html/189/20067311110421. html.

[240] Xin, Z. Q., and Zhou, Z. (2012). A cross-temporal meta-analysis of changes in Chinese college students' interpersonal trust [J]. Advances in Psychological Science, 20 (3), 344 – 353.

[241] Yang, W. and Hanks, L. (2016). Preconsumption mood, causal

explanations, and postrecovery reactions [J]. Journal of Hospitality Marketing and Management, 25 (1), 69 – 90.

[242] Yeung, R. M. , and Morris, J. (2001). Food safety risk: Consumer perception and purchase behaviour [J]. British Food Journal, 103 (3), 170 – 187.

[243] Yin, S. , Wu, L. , Du, L. and Chen, M. (2010). Consumers' purchase intention of organic food in China [J]. Journal of the Science of Food and Agriculture, 90 (8), 1361 – 1367.

[244] Yolal, M. , Chi, C. G. , and Pesämaa, O. (2017). Examine destination loyalty of first time and repeat visitors at all-inclusive resorts [J]. International Journal of Contemporary Hospitality Management, 29 (7), 1834 – 1853.

[245] Young, L. (2016). Attracting Chinese travelers to your food tourism experience [EB/OL]. available at: www. growfoodtourism. com/attracting-chinese-travellers-to-your-food-tourism-experience/#_ftn9.

[246] Yu, Y. , Sun, H. , Goodman, S. , Chen, S. and Ma, H. (2009). Chinese choices: A survey of wine consumers in Beijing [J]. International Journal of Wine Business Research, 21 (2), 155 – 168.

[247] Zeelenberg, M. , and Pieters, R. (2004). Beyond valence in customer dissatisfaction: A review and new findings on behavioral responses to regret and disappointment in failed services [J]. Journal of Business Research, 57 (4), 445 – 455.

[248] Zhang Qiu, H. , Yuan, J. , Haobin Ye, B. , and Hung, K. (2013). Wine tourism phenomena in China: an emerging market [J]. International Journal of Contemporary Hospitality Management, 25 (7), 1115 – 1134.

[249] Zhan, L. and He, Y. (2012), Understanding luxury consumption in China: Consumer perceptions of best-known brands [J]. Journal of Business Research, 65 (10), 1452 – 1460.

［250］Zhao, W.（2008）. Social categories, classification systems, and determinants of wine price in the california and french wine industries［J］. Sociological Perspectives, 51（1）, 163 – 199.

［251］Zhou, K. Z., and Nakamoto, K.（2007）. How do enhanced and unique features affect new product preference? The moderating role of product familiarity［J］. Journal of the Academy of Marketing Science, 35（1）, 53 – 62.

［252］Zhou, N. and Belk, R. W.（2004）. Chinese consumer readings of global and local advertising appeals［J］. Journal of Advertising, 33（3）, 63 – 76.

［253］Zimmerman, L. B.（2019）. Growth in the wine auction market is driven by Asian consumers. Forbes［EB/OL］. Retrieved from https: // www. forbes. com/sites/lizazimmerman/2019/02/25/growth-in-the-wine-auction-market-is-driven-by-asian-consumers/#77643991414c.

后　记

随着博士后报告最后一个句号在键盘上敲出，我百感交集，思绪不由飘回到 2014 年底。当时的我，经过几年的大学教师生涯，感到自己的研究视角日益固化，思路难脱窠臼。如何跳出原有的格局，寻求更创新的研究领域？作为一名从大学本科、硕士、博士阶段一直攻读"旅游管理"专业的学者，我想到了学科融合——在自己原本的旅游专业知识体系中融入新的知识体系。很幸运，我有机会进入中南财经政法大学应用经济学博士后流动站，师从陈池波教授开始农业经济学的学习和研究工作。5 年间，我越来越感受到这是一个无比正确的决定：学习上，陈老师悉心指导；科研上，陈老师身体力行；项目申报时，陈老师无私帮助，让我收获颇丰。农旅融合主题的论文，不仅发表在中文权威杂志上，而且也发表在 SSCI 英文权威期刊上。更不用说陈老师待人处事的智慧，以及对同事、对学生的大爱，更是我深深钦佩并努力学习的榜样。在此，我想对陈老师致以深深的感谢！

我还要感谢中南财经政法大学研究生院院长胡立君教授、工商管理学院严立冬教授、郑家喜教授、吴海涛教授、张开华教授，他们对我的开题报告提出了宝贵的修改意见。感谢工商管理学院的各位领导和同事的关怀，感谢研究生院博士后管理办公室的徐良生老师、朱新豪老师，以及人事部博士后管理办公室的邢海亮老师、胡盈老师，他们在博士后的日常管理中做了大量工作。同时感谢陈门家园的各位兄弟姐妹，以及我的家人对我长期以来的支持和帮助。

感谢在百忙之中参加本人博士后出站答辩的各位教授，谢谢各位专家对报告提出的进一步完善意见。

桃李不言，下自成蹊，我将以陈老师为榜样，继续自己作为一名学者和大学教师的人生修炼。

邹　蓉

2022 年 8 月 30 日

于晓南湖畔